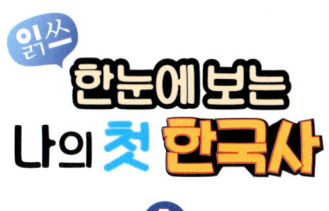

글씀(U&J) 강민규 글
글씀(U&J)은 글쓰기를 좋아하고 글의 힘을 믿는 사람들로 이루어진 창작 집단입니다.
각 분야의 전공자들과 전·현직 초등·중학교 선생님들, 전문 작가들이 모여 다양한 분야의 글을 쓰고 있습니다. 아이들에게 꿈과 희망을 갖게 하고 문학과 역사는 물론, 세상에 대한 호기심을 채워 주기 위해 오늘도 알차고 재미있게 상상력 가득한 이야기를 쓰고자 힘을 쏟고 있답니다.
그동안 쓴 책으로《우리말 통일사전》,《나도 스타 크리에이터가 될 거야》,《천재 과학자들은 어떻게 세상을 바꿨을까》,《미디어》,《I NEED 비상! 바이러스의 습격》,《쓰레기와 인류의 삶》,《인공지능》,《헤르만 헤세 아저씨가 들려주는 어린이를 위한 생각동화 1, 2》,《스타 성공학-연예인 편》을 비롯하여 '동물들은 내 친구' 시리즈 10권, '전래동화' 시리즈 5권, '위인전시리즈 5권, '삼국유사 삼국사기' 시리즈 64권 등이 있습니다.

유남영 그림
공주대학교 만화예술과를 졸업하고 캐릭터 디자이너와 일러스트레이터로 활동 중입니다.
그린 책으로《나도 스타 크리에이터가 될 거야》,《천재 과학자들은 어떻게 세상을 바꿨을까》,《초등 한국사 생생 교과서》,《빠삐루빠의 선사 탐험》,《아하! 세계엔 이런 사건이 있었군요》,《리틀배틀》,《도전 100! 한국 인물 퀴즈》,《우리나라 우리 고장》,《그림 교과서 상식 백과》,《빅히스토리》,《교과서에 나오는 역사 인물 사전》등이 있습니다.

정호섭 감수
고려대학교 한국사학과를 졸업하고, 동 대학원에서 석사·박사 학위를 받았습니다. 고려대학교 박물관 학예연구사, 한성대학교 교수, 고려대학교 민족문화연구원 부원장, 동북아역사재단 자문위원, 국가유산청 역사문화권정비위원회 위원 등을 역임한 바 있습니다. 현재 고려대학교 한국사학과 교수, 한국사 연구소장, 경기도 문화재 위원, 남북역사학자협의회 집행위원장 등을 맡고 있으며, 한국 고대사와 관련한 20여 권의 저서와 60여 편의 논문을 발표하였고, 특히 고구려사에 대한 연구를 주로 진행하고 있습니다.

초판1쇄 발행 2025년 3월 20일
초판2쇄 발행 2025년 7월 22일

강민규 글 | **유남영** 그림 | **정호섭** 감수

펴낸이 곽은영
기획 박상은
편집 U&J 박상은, 김진희, 김민소, 신창화, 고유리, 방현숙
디자인 U&J 임재승
마케팅 김민준

펴낸곳 달소풍
출판등록 2021년 3월 8일 (제 409-2021-000016호)
주소 (10084) 경기도 김포시 김포한강3로 290-13 (608-1304)
대표전화 031-991-9840 | **팩스** 031-624-6795 | **메일** dalsopung@daum.net
제조국명 대한민국 | **ISBN** 979-11-990085-0-2 (73910)

※ 이 책의 저작권은 한국 저작권법에 따라 보호를 받는 저작물이므로 무단 전재와 복제를 금합니다.
※ 잘못 만들어진 책은 구입한 곳에서 바꾸어 드립니다.

제품명 한눈에 보는 나의 첫 한국사 1
제조자명 달소풍 | **제조국명** 대한민국 | **전화번호** 031-991-9840
주소 (10084) 경기도 김포시 김포한강3로 290-13 (608-1304)
제조년월 2025년 7월 22일 | **사용연령** 10세 이상
※ KC마크는 이 제품이 공통안전기준에 적합하였음을 의미합니다.

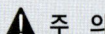 **주 의**
아이들이 모서리에 다치지 않게 주의하시오

강민규 글 | 유남영 그림 | 정호섭 감수

머리말

　여러분은 혹시 "역사를 잊은 민족에게 미래는 없다"라는 말을 들어 본 적이 있나요? 역사는 지나간 과거의 이야기일 뿐 미래와는 아무런 관계도 없어 보이는데, 사람들은 왜 이런 말을 하는 걸까요?

　첫째, 역사는 우리의 뿌리가 무엇인지를 알려 주기 때문이에요. 우리가 누구인지를 아는 것은 무척 중요한데, 이에 대한 힌트를 얻을 수 있는 것이 바로 역사이지요. 최근 한류 문화가 전 세계적으로 인기를 끌고 있는 것을 보며 많은 사람이 놀라고 있어요. 하지만 우리나라의 역사를 잘 아는 사람이라면 한류 문화의 세계적 유행에 그렇게 놀라지 않을 거예요. 우리나라는 옛날부터 문화 강국이었으니까요.

　둘째, 역사는 우리가 과거에 저질렀던 실수를 반복하지 않도록 교훈을 줘요. 인간이 위대한 이유는 실수하지 않아서가 아니라, 실수로부터 배우기 때문이라고 했어요. 그렇다면 한 민족이나 국가가 저지른 실수처럼 오랜 시간에 걸쳐 많은 사람이 저지른 실수는 어떻게 알 수 있을까요? 그것은 다름 아닌 역사책에서 확인할 수밖에 없어요. 최근 우크라이나와 러시아 간에 전쟁이 일어나면서 유럽 여러 나라에 무기 부족 현상이 발생했어요. 이는 냉전 이후 유럽 국가들이 무기 만드는 일을 소홀히 한 결과이지요. 이들 국가는 부족한 무기를 구하기 위해 여러 나라에 손을 벌리고 있는 실정이랍니다. 반면 우리나라는 국방력을 미리 튼튼히 해 놓지 않으면 어떤 결과를 얻게 되는지 임진왜란과 일제 강점기, 6·25 전쟁을 통해 배웠어요. 바로 이것이 역사가 우리에게 주는 교훈인 것이지요.

  이 책을 통해 부디 여러분이 역사를 친근하게 바라보고 흥미를 갖게 된다면 좋겠어요. 또한 역사를 배워 가며 자기 자신이 누구인지를 알고, 그로부터 얻은 교훈을 거울삼아 올바로 생각하고, 바르게 판단하며, 적절한 선택을 할 수 있는 사람이 될 수 있길 바랍니다.

저자 강 민 규

차 례

▦ 머리말 ·· 004

1장 선사 시대

① 선사 시대란? ····························· 012
② 뗀석기를 사용하다 ······················ 014
③ 구석기인들은 어떻게 살았을까? ······ 017
④ 뗀석기 대신 간석기가 나타났다고? ··· 020
⑤ 신석기 시대의 대표 유물, 빗살무늬 토기 ··· 022
⑥ 신석기 시대, 혁명이 일어나다 ········· 025
⑦ 신석기 시대의 종교 ····················· 028
⑧ 신석기인들의 생활 모습 ················ 031

2장 청동기 시대와 고조선

① 청동기 시대란? ·························· 036
② 계급 사회가 시작되다 ·················· 039
③ 정복 전쟁과 국가의 탄생 ··············· 042
④ 우리 민족 최초의 나라, 고조선 ········ 045
⑤ 고조선은 법치 국가? ··················· 048
⑥ 고조선은 어디에 있었을까? ··········· 050
⑦ 고조선의 성장과 멸망 ·················· 053

3장 철기 시대와 여러 나라들

① 철기 시대의 시작 ······················· 058
② 부여의 등장 ····························· 060
③ 옥저와 동예, 초기 국가로 성장하다 ··· 063
④ 삼국의 기초를 마련한 삼한 ············ 065

4장 삼국 시대

1. 알에서 나온 박혁거세, 신라를 열다 ········ **070**
2. 주몽, 고구려를 건국하다 ················ **072**
3. 백제를 세운 고구려 왕자, 온조 ············ **074**
4. 구지봉의 김수로, 가야를 세우다 ············ **076**
5. 고구려의 발전 ······················ **079**
6. 백제는 어떻게 발전했을까? ··············· **081**
7. 백제의 전성기는 언제일까? ··············· **083**
8. 신라는 어떻게 발전했을까? ··············· **086**
9. 불교는 언제 전해졌을까? ················ **088**
10. 고구려의 전성기 ···················· **090**
11. 장수왕의 꾀 ······················ **094**
12. 백제와 신라가 손을 잡았다고? ············· **096**
13. 신라의 전성기를 준비한 왕은 누구? (1) ······· **098**
14. 신라의 전성기를 준비한 왕은 누구? (2) ······· **101**
15. 신라의 독특한 신분 제도, 골품제 ··········· **103**
16. 신라의 전성기는 언제일까? ··············· **105**
17. 화랑도와 화백 회의 ·················· **108**
18. 못다 이룬 꿈, 가야 ··················· **111**
19. 백제를 다시 강국으로, 무령왕 ············· **113**
20. 실패한 백제 중흥의 꿈, 성왕과 무왕 ········· **115**
21. 수나라의 침공과 을지문덕 ··············· **118**
22. 삼국 통일의 주역들 ·················· **121**
23. 당나라의 고구려 공격과 연개소문 ··········· **124**
24. 의자왕, 신라를 공격하다 ················ **127**
25. 황산벌 전투와 계백 그리고 백제의 멸망 ······· **129**
26. 고구려의 분열과 멸망 ················· **132**
27. 고구려의 문화유산 ··················· **135**
28. 백제의 문화유산 ···················· **138**
29. 신라의 문화유산 ···················· **141**
30. 가야의 문화유산 ···················· **144**

5장 남북국 시대

1. 신라와 당나라가 싸웠다고? ······ 148
2. 삼국 통일의 의의와 한계 ······ 150
3. 통일 후 나라의 기초를 놓은 신문왕 ······ 152
4. 대조영, 발해를 세우다 ······ 154
5. 왕권이 약해지다 ······ 157
6. 다시 강한 왕을 꿈꾸다 ······ 160
7. 대공의 난과 혜공왕의 죽음 ······ 162
8. 신라 하대의 사회 변동 ······ 164
9. 해동성국이라 불린 발해 ······ 167
10. 해상왕, 장보고 ······ 170
11. 비운의 천재, 최치원 ······ 173
12. 견훤과 후백제 ······ 176
13. 궁예와 후고구려 ······ 178

14. 왕건, 고려를 건국하다 ······ 180
15. 발해의 멸망 ······ 182
16. 견훤의 포석정 습격 사건 ······ 184
17. 후백제의 압도적 승리, 공산 전투 ······ 186
18. 고려의 결정적인 승리, 고창 전투 ······ 188
19. 후삼국을 통일한 왕건 ······ 190
20. 통일 신라의 문화유산 ······ 192
21. 발해의 문화유산 ······ 196

6장 고려 시대 전기

1. 왕건은 고려를 어떻게 다스렸을까? ······ 200
2. 고려 역사의 기초를 다진 광종 ······ 203
3. 불교의 나라, 고려 ······ 206
4. 성종과 최승로의 〈시무 28조〉 ······ 208
5. 고려의 대외 관계 ······ 210

⑥ 거란의 1차 침입과 서희의 담판 ········ 212
⑦ 거란의 2차 침입과 양규 장군 ········ 215
⑧ 거란의 3차 침입과 귀주 대첩 ········ 218
⑨ 전쟁 후에 찾아온 평화 ········ 220
⑩ 천년의 아름다움, 고려청자 ········ 222
⑪ 고려 시대에는 남녀가 평등했을까? ········ 226
⑫ 윤관, 여진족을 정벌하다 ········ 228
⑬ 이자겸의 난과 묘청의 난 ········ 231

7장 고려 시대 후기

① 무신 정변이 일어나다 ········ 236
② 민란이 발생하다 ········ 239
③ 몽골, 고려를 침략하다 ········ 242
④ 스님이 몽골군을 물리치다 ········ 244
⑤ 위대한 유산, 팔만대장경 ········ 246
⑥ 세계에서 가장 오래된 금속 활자 ········ 249
⑦ 고려의 항복과 삼별초의 난 ········ 252
⑧ 원나라, 고려에 간섭하다 ········ 254
⑨ 기황후와 기씨 가문 ········ 257
⑩ 고려양과 몽골풍 ········ 260
⑪ 공민왕과 신돈의 개혁 ········ 262
⑫ 이인임과 세도 정치 ········ 264
⑬ 신흥 무인 세력과 신진 사대부 ········ 267

⑭ 위화도에서 군대를 돌린 이성계 ········ 270
⑮ 신진 사대부가 나뉘었다고? ········ 272
⑯ 고려의 멸망과 조선의 건국 ········ 274

▦ 사진 출처 ········ 276

약 400만 년 전 동아프리카에 오스트랄로피테쿠스 출현.

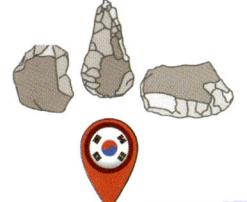

약 70만 년 전
한반도에 구석기 시대 시작.

약 200만 년 전
호모 에렉투스, 아프리카를 벗어남.

약 20만 년 전 호모 사피엔스 출현.

선사 시대

약 400만 년 전 ~ 기원전 1500년경

기원전 1만 년경 신석기 시대 시작.

1

선사 시대란?

역사학자들은 인류의 역사를 크게 역사 기록이 없는 '**선사 시대**'와 역사 기록이 있는 '**역사 시대**'의 두 시기로 구분해. 기록은 글, 즉 **문자**가 존재해야 가능하기에 문자가 발명된 기원전 1500년경 이전은 전부 선사 시대인 셈이야. 이 점으로 미루어 보건대, 역사 시대는 기원전 1500년경부터 현재까지 약 3,500년 정도인 데 반해, 선사 시대는 오스트랄로피테쿠스가 동아프리카에 최초로 모습을 드러낸 이후부터 약 400만 년 정도로 역사 시대와는 비교할 수 없을 정도로 길지. 따라서 인류의 역사 대부분이 선사 시대라고 할 수 있단다.

그럼 선사 시대와 역사 시대를 가장 먼저 구분한 사람은 누구일까? 그건 바로 프랑스의 고고학자인 **폴 터널**이야. 폴은 프랑스 남부에서 어떤 동굴을 발견한 이후, 그 동굴이 문자나 기호를 전혀 알지 못하는 원시인들이 살았던 동굴임을 알아냈어. 이후 그는 이 동굴을 설명하는 과정에서 '**선사**(역사의 이전)'라는 말을 처음 사용하기 시작했대. 그것을 나중에

덴마크 박물관장이자 고고학자인 크리스티안 위르겐센 톰센이 **석기 시대**, **청동기 시대**, **철기 시대**로 더 자세히 구분 지었지.

하지만 청동기 시대와 철기 시대를 선사 시대에 포함시키는 것에 대해 다른 의견을 가진 사람들도 많아. 왜냐하면 청동기 시대와 철기 시대는 문자를 사용하던 시기였기에 역사 기록이 남아 있거든. 그럼 앞에서 말한 선사 시대의 정의에 어긋나게 되므로, 이 책에서는 선사 시대에 석기 시대만 포함시키기로 했어.

그렇다면 선사 시대는 어떻게 나눌 수 있을까? 선사 시대는 **구석기 시대**와 **신석기 시대**로 나뉘는데, 이에 대해서는 차차 살펴보기로 해.

자, 그럼 지금부터 본격적으로 석기 시대 탐험을 떠나 보자고!

> 인류의 역사는 선사 시대와 역사 시대로 나뉘는구나!

선사 시대	구석기 시대	약 400만 년 전~기원전 1만 년
	신석기 시대	기원전 1만 년~기원전 1500년
역사 시대	청동기 시대	기원전 1500년~기원전 300년
	철기 시대	기원전 300년~현재

2

뗀석기를 사용하다

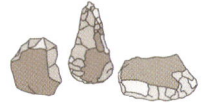

이제부터 구석기 시대에 대해 알아보기로 해. **구석기 시대**란, 돌을 정밀한 솜씨로 갈거나 더 나은 형태로 만든 것이 아니라 **깨뜨려서 만든 석기**를 사용한 시기를 말해.

초기 인류는 주변에 흔히 있는 돌들을 그대로 사용했을 거야. 하지만 그런 돌은 사용할 때 불편할 수밖에 없기 때문에, 이후 보다 예리한 돌, 손에 잡기 편한 돌을 찾기 시작했겠지. 물론 그들이 원하는 돌을 찾기란 쉽지 않았을 거야. 그래서 사용하기 편한 돌을 운 좋게 발견할 때까지 기다리며 한참 동안은 불편하더라도 그냥 사용했겠지? 그러다가 점차 인류는 돌과 돌을 서로 부딪쳐 깨뜨리면 훨씬 예리하게 만들 수 있을 뿐만 아니라 잡기 편하게 만들 수도 있다는 걸 깨달았어. 인류가 사용하던 석기가 한 단계 발전하는 순간이었지. 이렇게 돌을 깨뜨려 만든 석기를 돌에서 불필요한 부분을 떼어 냈다는 의미로 '**뗀석기**', 혹은 때려서 만든 석기라는 의미로 '**타제 석기**'라고 해.

그럼 구석기 시대는 구체적으로 언제 시작되었다고 말할 수 있을까?

대다수의 학자들은 구석기 시대가 지금으로부터 약 400만 년 전에 시작해서 기원전 1만 년경에 끝났다고 봐. 그런데 약 400만 년 전은 인류의 조상인 오스트랄로피테쿠스가 나타난 시기로, 인류라고 부를 수 있는 존재가 나타난 직후부터 신석기 시대가 시작되는 기원전 1만 년경까지 계속되었다고 볼 수 있어. 즉, 구석기 시대는 인류 전체 역사의 99.7퍼센트를 차지하는 셈이란다.

그럼 한반도에서 구석기 시대는 언제쯤 시작되었을까? 한반도의 가장

▲ 주먹 도끼　　　　▲ 긁개　　　　▲ 찍개

오래된 구석기 유적지는 평안남도 상원군의 **검은모루 동굴** 유적과 **단양 금굴** 유적이야. 또 한반도에 사람이 살기 시작한 시기는 지금으로부터 약 70만 년 전쯤으로 보고 있어.

　한반도의 구석기 유물 중 대표적인 것으로는 **찍개**와 **긁개, 주먹 도끼** 등을 들 수 있어. 찍개는 나무 같은 것을 다듬는 데 썼고, 긁개는 주로 동물 가죽을 손질하는 데 사용한 것으로 보여. 그리고 주먹 도끼는 거의 쓰이지 않는 곳이 없을 정도로 만능 도구였지. 구석기 시대가 거의 끝나 갈 무렵에는 약 서른 가지가 넘는 석기가 만들어졌는데, 필요에 따라 각각 편리하게 사용했단다.

똑똑한 팁

석기 시대에는 석기만 사용했을까?

석기 시대에는 석기뿐만 아니라 목재(나무로 된 재료)도 사용했을 것으로 추측해. 목재는 구하기도 쉽고, 돌보다는 상대적으로 가공하기 편리하기 때문에 아주 오래전부터 사용되어 왔거든. 그런데 왜 돌이나 금속처럼 유물로 발견되지 않느냐고? 왜냐하면 목재는 시간이 지나면 썩기 때문이야. 아무리 단단한 나무라도 흙 속에 수천 년 동안 묻혀 있으면 썩어서 흔적도 없이 사라져 버리므로 유물로 발견되는 일이 드문 거지. 그리고 나무는 모든 시대에 걸쳐 사용되었기 때문에 석기 시대처럼 따로 시대를 구분하지 않는단다.

구석기인들은 어떻게 살았을까?

이번에는 구석기인들의 생활 모습에 대해 살펴보기로 해. 그들은 무엇을 먹고, 어디에서 잤으며, 어떤 옷을 입었을까? 사회생활은 어떻게 했을까? 혼자 살았을까, 아니면 무리 지어 살았을까?

사회적 동물인 인류는 아주 오랜 옛날부터 무리 지어 생활했어. 만약 사람이 호랑이처럼 독립생활을 했다면, 아마 문명을 발생시키긴커녕 예전에 멸종했을지도 몰라.

아무튼 구석기 시대에는 스물에서 서른 명 남짓 되는 사람들이 작은 무리를 이루어 먹을 것을 찾아 떠돌아다니는 생활을 했어. 또 당시엔 농사를 짓는 법을 알지 못해서 주로 **사냥**을 하거나 과일 또는 야생에서 자란 곡식을 **채집**해서 먹었지. 그리고 한곳에 머물다 먹을 것이 떨어지면 다른 지역으로 이동해야 했으므로, 정착해서 생활할 수 없었어. 그래서 집을 짓기보다는 **동굴**이나 **큰 바위의 틈**에서 지냈고, 가끔은 임시 거주지인 **막집**을 만들기도 했어. 물론 당시 인류는 불을 사용할 수 있었으므로, 이를 이용해 추위를 견디거나 야생 동물의 접근을 막기도 했지.

또한 구석기인들은 옷을 직접 만들어 입었을 거야. 옷의 재료는 주로 나뭇잎이나 짐승의 가죽이었을 것으로 추측되는데, 둘 다 오랜 세월 보존되기가 쉽지 않은 것들이라 유물로써 증명하기는 어려워. 어쨌든 구석기 시대에는 빙하기가 포함되어 있었기 때문에 구석기인들이 옷을 입지 않았다고 생각하기는 힘들지.

구석기 시대 후기로 접어들면서 지구상에는 현생 인류가 출현하게 돼. 이 시기가 대략 5만 년 전쯤인데, 이때부터 인류는 본격적으로 언어를 사용하는 동시에 석기를 만드는 기술도 빠르게 발전하지. 이를 대표하는 유물에는 **좀돌날**이 있어. 좀돌날은 돌을 아주 가늘고 얇게 떼어 낸 것을 말하는데, 이것을 뼈나 뿔, 혹은 나무로 만든 틀의 홈에 끼워서 사용했지. 흑요석 같은 돌로 만든 좀돌날은 현대의 면도칼과 맞먹을 정도로 예리했다고 해. 그래서 창이나 찌르개뿐만 아니라 칼날 등 다양한 용도로 사용되었지.

그런데 이 좀돌날을 처음 사용한 지역이 한반도를 포함한 동아시아라는 사실을 알고 있니? 유럽이나 중동의 경우, 처음에는 **직접떼기**라는 방식으로 좀돌날을 만들다가 나중에 좀 더 발전한 방식인 **눌러떼기** 방식을 사용한 반면, 동아시아 지역에서는 이른 시기부터 눌러떼기 방식을 많이 사용했단다.

이렇게 인류는 빙하기라는 너무나 추운 환경 속에서도 계속해서 기술 수준을 높이며 다음 시대를 준비하고 있었어. 인류의 오랜 기다림에 보답하기라도 하듯 날씨도 점점 따뜻해져 가고 있었지. 그렇다면 빙하기가 물러간 새로운 환경에서 인류는 또 어떤 발전을 이루어 냈을까? 기대하는 마음으로 다음 페이지를 펼쳐 보자!

4

뗀석기 대신 간석기가 나타났다고?

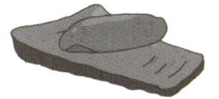

지금으로부터 약 1만 년 전, 빙하기가 물러가면서 지구의 평균 기온은 현재와 비슷한 수준으로 높아졌어. 그 영향으로 북위 40도 선까지 내려와 있던 빙하도 지금과 같은 모습으로 후퇴하게 되지. 구석기 시대 후기부터 현생 인류, 즉 **호모 사피엔스 사피엔스**로 진화한 인류는 새로운 환경을 맞이하여 간석기와 토기, 농경을 특징으로 하는 새로운 시대를 만들어 나간단다. 이 시대를 **'신석기 시대'**라고 불러.

바로 앞에서도 언급했지만, 신석기 시대의 세 가지 특징 중 첫 번째로는 돌을 갈아서 만든 **간석기**를 들 수 있어. 뗀석기는 아무리 정교하게 돌을 떼어 내더라도 한계가 있었는데, 구석기 시대 후기의 정교한 좀돌날은 돌을 떼어 내는 기술의 최고봉일지도 몰라. 하지만 돌을 갈아서 쓰기 시작하면서 인류의 생활은 크게 달라져. 뗀석기와는 비교도 되지 않을 만큼 정교하고 세련된 데다 예리함까지 갖춘 도구들이 만들어지거든.

돌을 갈아서 사용했음을 잘 알 수 있게 해 주는 신석기 시대의 대표적인 유물로는 갈돌과 갈판이 있어. 갈돌과 갈판은 원래 도토리 같은 채집한 열매를 가는 도구였는데, 나중에 곡식을 재배하기 시작하면서 곡식의 낟알을 갈거나 껍질을 벗기는 도구로 사용하기도 했어. 갈돌과 갈판을 자세히 살펴보면 표면이 반질반질하게 정리되어 있는데, 이는 돌을 깨뜨리는 방식으로는 도저히 불가능해. 또 돌화살촉이나 돌창, 돌낫 등도 돌을 갈았을 때 얻을 수 있는 효과를 이용한 도구란다.

이렇게 인류는 돌을 가는 새로운 기술을 개발함으로써 보다 정교한 석기를 제작할 수 있게 되었어. 그런데 돌을 갈아서 물건을 만드는 데는 많은 시간이 걸리기 때문에, 이를 전문적으로 하는 집단이 형성되었을 것으로도 예상할 수 있지. 이렇게 한 시대에 일어난 변화는 그 시대에서 끝나는 것이 아니라, 다음 시대를 준비하는 바탕이 되기도 한단다.

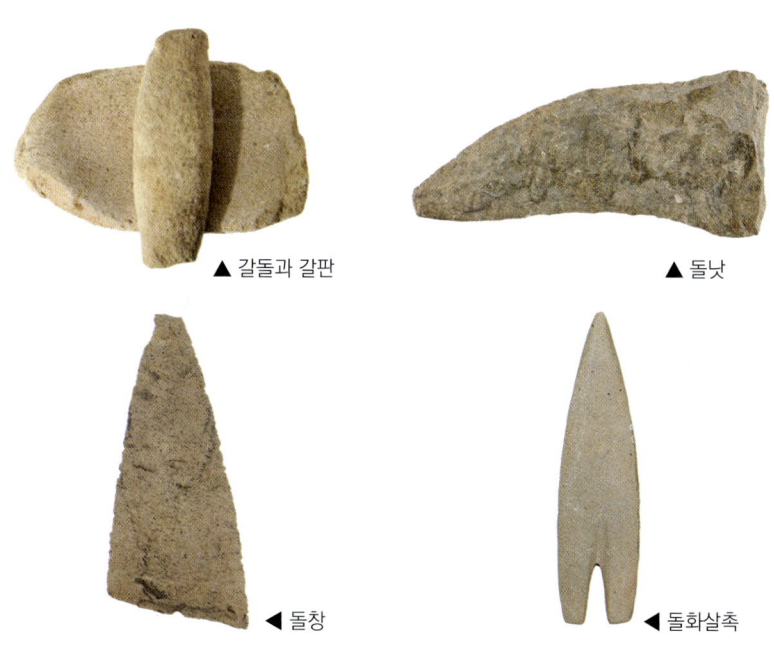

▲ 갈돌과 갈판　　　　▲ 돌낫

◀ 돌창　　　　◀ 돌화살촉

5

신석기 시대의 대표 유물, 빗살무늬 토기

이제 구석기 시대와 신석기 시대를 구분하는 가장 대표적인 특징 중 두 번째인 토기를 다룰 차례야.

농사를 지으며 정착 생활을 하기 시작한 신석기인들은 구석기 시대처럼 음식을 그때그때 구해서 먹지 않아도 되었기 때문에 음식 보관을 위한 도구가 필요했어. 그래서 등장한 것이 바로 토기야. 신석기 시대를 대

표하는 토기는 '빗살무늬 토기'로, 표면에 마치 빗으로 그어 놓은 듯한 무늬가 있어서 붙여진 이름이지.

빗살무늬 토기를 만들 때는 먼저 진흙에 모래, 활석, 풀, 조개껍데기 가루 등을 섞어 모양을 만들고 적당히 굳을 때까지 말려. 그런 다음 나뭇가지나 뼈로 만든 도구로 표면에 무늬를 새긴 후 불에 구워서 완성해. 불에 구우면 토기가 단단해질뿐더러 습기에도 강해지거든.

그런데 토기에 빗살무늬는 왜 새긴 걸까? 정확한 이유는 알 수 없지만, 학자들은 대체로 다음 두 가지 이유 때문으로 보고 있어. 첫째는 불에 구울 때 **토기가 깨지는 것을 막기 위해서**였다는 거야. 당시에는 토기 만드는 기술이 발달하지 못했기에 불에 굽는 과정에서 토기가 많이 깨졌어. 그런데 토기에 빗살무늬처럼 홈을 파서 구우면 토기가 깨지는 걸 막을 수 있단다. 둘째는 **비가 많이 오기를 바라는 주술적 의미를 담은 것**이라고

▲ 빗살무늬 토기

추측해. 농업을 처음 시작한 신석기인들은 비가 농업에 굉장히 중요하다는 사실을 깨달았을 거야. 그래서 비가 제때 내려 주기를 바라는 마음으로 토기에 빗줄기 모양을 새겼던 거지.

　빗살무늬 토기는 아랫부분이 뾰족한 것과 납작한 것이 있는데, 우리에게 많이 알려진 것은 아랫부분이 뾰족한 토기야. 아랫부분이 뾰족하면 사용할 때 불편하지 않겠냐고? 아래가 뾰족한 토기를 땅에 박아 놓고 그 주변에 불을 지펴서 음식을 데워 먹었던 당시의 장면을 상상해 보면, 이런 모양도 사용하는 데 꽤 편했을 거란 사실을 짐작할 수 있을 거야.

똑똑한 팁   제주 고산리 토기

우리나라의 신석기 시대에는 풀리지 않는 미스터리가 하나 있어. 이웃 나라인 중국이나 일본은 가장 오래된 토기의 제작 연대가 기원전 1만 년 이전인데 비해, 우리나라는 기원전 6000년 정도라는 점이지. 이렇게 우리나라의 신석기 시대 토기가 바로 이웃한 나라와는 다르게 비교적 오래되지 않은 이유는 아직 밝혀지지 않았어. 그런데 1980년대 후반, 제주 고산리에서 기원전 8000년경에 제작된 것으로 보이는 토기가 발견되었단다. 중국이나 일본의 토기만큼 오래된 것은 아니지만, 그래도 기원전 6000년보다는 훨씬 오래되었다는 점에서 꽤 의미 있는 발견이라 할 수 있지.

▲ 고산리 토기

신석기 시대, 혁명이 일어나다

'**신석기 혁명**'이라는 말을 들어 봤니? 이 말은 신석기 시대에 시작된 **농사**라는 큰 변화를 산업 혁명에 빗대어 표현한 거야. 산업 혁명이 인류에 미친 영향만큼, 혹은 그 이상으로 농사 역시 인류에 혁명적인 변화를 가져다주었다는 뜻이지.

구석기 시대에 인류는 식량 구하는 일을 전적으로 사냥과 채집이라는 방법에 의존했어. 그러다 보니 굶는 일은 예사였고, 식량을 구한다 하더라도 그 양이 충분하지 않을 때도 많았단다. 어쩌다 한 번씩 운 좋게 큰 짐승을 잡아야만 배불리 먹을 수 있었지. 상황이 이렇다 보니 당시의 사람들은 어떻게 하면 항상 배불리 먹을 수 있을까를 고민했을 거야. 그러다 누군가 우연히 채집한 곡식이 땅에 떨어진 뒤 그것이 점차 자라나는 것을 보았고, 이를 통해 사람들은 멀리 나가지 않아도 바로 집 앞에서 먹을 것을 구할 수 있음을 깨닫고 농사를 시작했을 것으로 추측해.

그럼 농사는 신석기인들의 삶에 어떤 변화를 가져다주었을까? 가장 먼저 먹을 것을 찾아 이곳저곳을 떠돌던 생활이 한곳에 머물러 사는 **정착 생활**로 바뀌었어. 농사를 지으려면 밭에 씨를 뿌려야 하고, 적어도 그것을 추수할 때까지는 밭 근처에 살 수밖에 없거든. 게다가 매일 작물을 보살펴야 하니까 더욱 그랬겠지.

하지만 농사를 시작한 직후부터 신석기인들이 완전히 정착 생활을 한 건 아니야. 신석기인들은 초반엔 농사를 채집이나 사냥이 잘 안 되었을 때를 대비한 수단으로 생각했기 때문에, 이때까지도 채집이나 수렵을 계속해야 했거든. 즉, 농사를 시작한 지 얼마 되지 않았을 때 신석기인들은 반정착 생활을 했다고 볼 수 있지. 마을을 베이스 캠프로 두고 적당

히 먼 거리로 사냥과 채집을 갔다 오는 삶을 상상하면 될 거야. 그러다 사냥이나 채집이 잘되지 않은 날에는 농사를 지은 뒤 수확해 집 혹은 마을에 저장해 놓은 식량을 먹는 거지. 이렇게 하면 사냥과 채집에만 의존하던 때보다는 굶는 날이 확실히 줄어들었겠지?

그럼 신석기인들은 어떤 작물을 키웠을까? 학자들은 당시에 쌀을 재배하지는 않았을 거라고 추측해. 쌀농사는 청동기 시대에 처음 시작되었거든. 신석기 유적에서 발굴된 곡식의 흔적을 바탕으로 생각해 보면, 그들은 조, 기장, 수수, 콩 같은 것들을 키웠을 것으로 보고 있어. 이런 곡식들은 당시 사람들의 식생활에 상당한 도움이 되었을 거야.

신석기 시대의 종교

신석기 시대와 구석기 시대의 또 다른 차이점을 들자면, 바로 신석기 시대에는 **무덤**을 만들었다는 점이야. 물론 구석기 시대에도 사람이 죽으면 장례를 치렀을 거라고 짐작되지만, 그 흔적인 무덤 유적이 발굴된 적은 없어. 반면 신석기 시대에 죽은 사람을 묻은 무덤 유적은 비록 소수이기는 하지만 발굴된 적이 있단다.

신석기 시대의 인골(사람의 뼈)은 그 당시 사람들이 먹고 버린 조개나 굴 껍데기가 쌓여 층을 이룬 **패총**에서 주로 발견되었어. 우리나라의 토양은 산성이어서 땅속에 묻힌 뼈가 오래가지 못하는 편인데, 패총의 조개나 굴 껍데기가 토양의 산성도를 떨어뜨려 땅속에 묻힌 뼈가 더 오래 보존될 수 있었던 것으로 추측해.

어쨌든 신석기 시대의 무덤은 패총뿐만이 아니라 **독무덤**, 즉 시체를 큰 독이나 항아리 등의 토기에 넣어 묻는 무덤의 형태로도 몇 기 정도 찾아볼 수 있어.

이렇게 신석기 시대에 만들어진 무덤이 발견되었다는 것은, 인류가 그 전 시대보다 내세 혹은 영혼과 같은 **종교적인 생각**을 한층 더 깊이 하게 되었다는 의미로도 볼 수 있단다.

그렇다면 무덤 외에 인류가 종교적인 생각을 발전시킨 예로는 또 무엇이 있을까? 신석기 시대가 되면서 원시 종교라고 할 수 있는 세 가지 사상이 등장하는데, 바로 애니미즘, 샤머니즘 그리고 토테미즘이야.

애니미즘은 우리말로 '정령 숭배'라고도 해. 옛날 사람들은 세상 곳곳에 신비로운 힘이 있다고 믿었어. 산, 강, 나무, 바람과 같은 자연 속에 영혼이나 정령이 살고 있다고 생각한 것이지. 그래서 사람들이 이러한 정

령과 어우러져 지내야 잘 살 수 있다고 믿었단다.

샤머니즘은 한마디로 **무속 신앙**을 말해. 샤머니즘에 따르면 이 세계에는 현실과 더불어 영적인 세계가 존재하는데, 사람은 샤먼(무당)을 통해 영의 세계와 소통할 수 있다고 믿었어. 뒤에 나오는 단군왕검도 이러한 샤먼인 동시에 정치적 지도자로 보고 있어.

토테미즘은 자연물 가운데 하나를 자기 부족의 시조로 여기는 신앙이야. 고구려의 삼족오나 단군 신화에 나오는 곰과 호랑이 등이 토테미즘의 예라고 할 수 있지.

이렇듯 신석기 시대의 인류는 자신이 통제할 수 없는 자연의 힘을 신앙의 힘으로 극복해 내려고 노력했어. 이런 면에서 보면 사람들이 신앙을 갖는 이유는 옛날이나 지금이나 다르지 않은 것 같지?

똑똑한 팁 가덕도 유적에서 발견된 백인 유골들

우리나라에서는 드물게도 부산 가덕도 장항이라는 곳에서 신석기 시대의 인골 마흔여덟 구가 발굴되었어. 우리나라의 토양은 산성이기 때문에 뼈가 땅속에 오래 묻혀 있으면 다 녹아서 없어져 버리는데, 운 좋게도 이곳에서 대량의 인골이 발견된 것이지. 그런데 이 유골을 조사하던 연구원들은 유골의 DNA를 확인하고 깜짝 놀랐어. 왜냐하면 유골 열 구에서 현대 한국인들과는 다른 유럽형의 백인 유전자가 나왔기 때문이야. 약 7,000년 전 부산 가덕도에 백인이 묻혔던 이유에 대해서는 아직 밝혀진 바가 없단다.

신석기인들의 생활 모습

빗살무늬 토기를 만들고, 농사를 처음 시작했으며, 간석기를 사용한 신석기인들에게서는 어떤 또 다른 생활 모습을 찾아볼 수 있을까?

신석기인들은 혈연을 중심으로 하는 **씨족**을 이루어 살았어. 신석기 시대의 주거지 유적을 보면 네다섯 명의 가족이 한집에서 살았고, 이런 집들이 대략 10~20호쯤 모여서 마을을 형성했지. 이런 마을은 씨족의 기본 단위이며, 여러 씨족이 모인 것을 '**부족**'이라고 한단다. 부족의 우두머리는 **족장**으로, 이때 족장과 부족민의 관계는 지배와 피지배 관계가 아니었어. 이 당시는 아직 계급이 나눠지지 않은 공동 노동, 공동 분배에 기초한 **평등한 사회**였거든.

이들은 씨족 중심의 생활을 했지만, 결혼만큼은 철저하게 다른 씨족 사람과 결혼하는 **족외혼**을 지켰어. 우리나라에서는 지금도 같은 성씨끼리 결혼하는 걸 꺼려 하는데, 이는 대체적으로 유교의 영향 때문인 것으로 보지만 신석기 시대의 생활에서도 어느 정도 영향을 받지 않았을까?

　또한 많은 학자들이 신석기 시대는 **모계 사회**였을 것으로 추측하고 있어. 모계 사회는 가문과 혈통의 기준을 **어머니**로 삼는 사회를 말하는데, 이후 청동기 시대 때 계급이 생기면서 아버지를 중심으로 하는 부계 사회로 바뀐 것으로 보고 있단다.

　한편 신석기 시대 사람들은 어떤 옷을 입었을까? 당시 사람들이 입었던 옷이나 그에 관한 기록이 없기 때문에 잘 알 수는 없지만, 구석기 시대보다는 옷과 관련한 유물이 많이 발견되어 어떤 옷을 입었는지 정도는 추측할 수 있어. 예를 들면 **뼈바늘**과 실을 뽑는 **가락바퀴** 유물을 통해, 신석기 시대에는 자연에서 얻을 수 있는 소재로만 옷을 지어 입은 것이 아니라 직접 천을 만들었다는 것을 알 수 있지.

그렇다면 신석기 시대 사람들의 집은 어떤 모습이었을까? 구석기 시대처럼 계속 동굴에서 살았을까? 신석기 시대 사람들은 농사를 지으며 정착 생활을 했기 때문에 더 이상 동굴에서 지낼 수 없었어. 그 대신 **움집**이라는 집을 지어 그곳에서 살았지. 움집은 땅을 1미터쯤 파고 그 위에 지붕을 얹은 집이야. 크기는 보통 네다섯 명이 함께 살 수 있는 정도였고, 집 가운데에는 화덕을 설치해 난방을 했던 것으로 보여.

똑똑한 팁 — 반구대 암각화

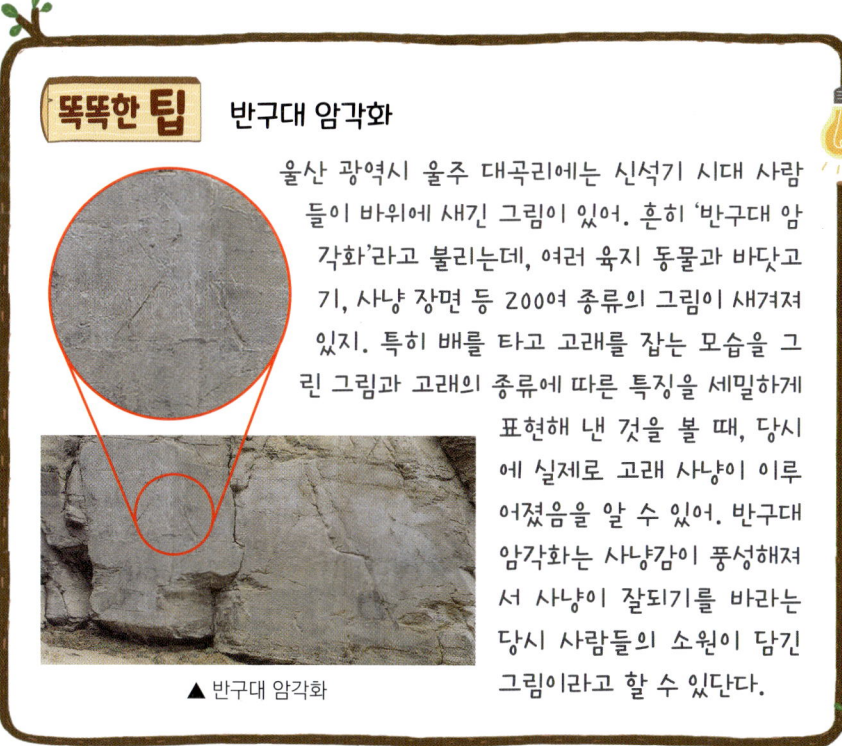
▲ 반구대 암각화

울산 광역시 울주 대곡리에는 신석기 시대 사람들이 바위에 새긴 그림이 있어. 흔히 '반구대 암각화'라고 불리는데, 여러 육지 동물과 바닷고기, 사냥 장면 등 200여 종류의 그림이 새겨져 있지. 특히 배를 타고 고래를 잡는 모습을 그린 그림과 고래의 종류에 따른 특징을 세밀하게 표현해 낸 것을 볼 때, 당시에 실제로 고래 사냥이 이루어졌음을 알 수 있어. 반구대 암각화는 사냥감이 풍성해져서 사냥이 잘되기를 바라는 당시 사람들의 소원이 담긴 그림이라고 할 수 있단다.

약 1만 년 전 한반도에 신석기 시대 시작.

약 8,000년 전 농사 시작.

기원전 2333년 고조선 건국.

기원전 1500년경 청동기 시대 시작.

청동기 시대와 고조선

기원전 2333년 ~ 기원전 108년

 기원전 **194년** 위만 조선 성립.

 기원전 **108년** 고조선 멸망.

청동기 시대란?

신석기 시대가 저물고 인류는 바야흐로 **청동기 시대**를 맞이하게 돼. 청동기 시대는 한반도에서 기원전 1500년경에 시작되어 기원전 300년경까지 계속되었어. 이 시대의 가장 중요한 특징은 사람들이 금속, 그중에서도 **구리**(동)를 사용하기 시작했다는 점이야. 단, 이때의 구리는 순수한 구리가 아니었어. 순수한 구리는 너무 물러서 도구를 만들기엔 적합하지 않거든. 그래서 구리에 주석을 조금 섞어 단단하게 만들어 주었지. 이처럼 구리에 주석을 섞은 것을 특별히 '**청동**'이라고 부르기 때문에 이 시대를 청동기 시대라고 일컫는 거란다.

그런데 사람들이 청동을 사용할 수 있게 되었다고 해서 모든 물건을 청동으로 만들어 쓴 건 아니야. 당시에 구리는 굉장히 귀한 금속이었거든. 지금으로 치면 귀금속이라고나 할까? 따라서 신분이 높은 사람들만 청동을 사용할 수 있었고, 청동으로 만들 수 있는 물건도 정해져 있었어. 물론 시간이 지나면서 청동으로 만드는 물건의 종류가 차츰 늘기는 하지만, 지금처럼 누구나 쉽게 사용할 수 있는 재료는 아니었단다.

이러한 이유로 청동기 시대에도 일반 생활용품은 여전히 돌로 만들어 썼어. 쟁기, 괭이, 낫, 반달 돌칼 같은 **농사짓는 데 필요한 도구**를 포함하여 돌칼, 돌화살촉 같은 **무기류**도 돌로 만든 것을 주로 사용했지. 대신 신석기 시대보다 만드는 방법이 정교해졌고, 종류도 다양했어.

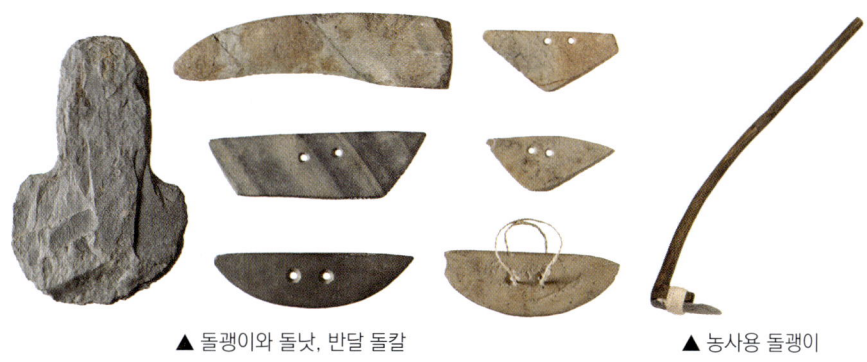

▲ 돌괭이와 돌낫, 반달 돌칼   ▲ 농사용 돌괭이

그렇다면 청동기 시대에도 신석기 시대처럼 토기를 사용했을까? 물론 이때도 토기를 사용했지만, 빗살무늬 토기가 아닌 **민무늬 토기(무늬가 없는 토기)**를 사용했어. 민무늬 토기에는 여러 가지 종류가 있는데, 같은 민

▲ 민무늬 토기   ▲ 붉은 간 토기   ▲ 검은 간 토기

무늬 토기라도 지역에 따라 각각 다른 형태를 띠고 있단다.

　청동기 시대의 사람들은 여전히 움집에서 살았어. 하지만 신석기 시대보다는 좀 더 커지고 땅을 얕게 파서 지었지. 그리고 이 당시에 지어진 것으로 보이는 대규모 마을 유적이 많이 발견됐는데, 이를 통해 청동기 시대에 인구가 급격하게 늘어났음을 알 수 있단다.

똑똑한 팁　왜 철보다 구리가 먼저 사용됐을까?

구리의 녹는점이 철보다 낮기 때문이야. 당시 구리로 쓸 만한 물건을 만들려면 불에 녹여서 틀에 넣고 모양을 만들어 낼 수밖에 없었어. 구리는 섭씨 1,085도에서 녹는데, 당시에 숯을 사용하면 이 정도 온도는 낼 수 있었다고 해. 그런데 철은 구리보다 약 500도나 더 높은 1,535도가 되어야 녹아. 이는 지금과 달리 당시에는 상당히 큰 차이였을 거야. 즉, 인류가 철을 사용하기 위해서는 1,535도 정도의 온도를 낼 수 있는 기술이 개발되기까지 더 기다려야 했다는 말이지.

구리는 현재 우리의 기술로도 녹여서 쓸 수 있거든.

계급 사회가 시작되다

 청동기 시대가 신석기 시대와 다른 점은 단순히 청동을 사용한 것만이 아니야. 신석기 시대가 씨족 사회의 구성원 모두 평등한 사회였다면, 청동기 시대에는 그 평등이 깨지고 계급이 생겨났거든. 그렇다면 계급은 어떻게 만들어진 걸까?
 청동기 시대에는 농사가 더욱 발전해서 사람들은 수렵·채집 위주의 경제에서 벗어나 거의 대부분을 농사에 의지하게 되었어. 즉, 신석기 시대에는 공동으로 사냥을 하거나 식량을 모아서 공동으로 분배했지만, 청동기 시대에는 자신과 가족의 운명이 자신이 농사를 얼마에 잘 짓느냐에 달려 있었다는 말이야. 그런데 농사라는 게 기술, 토지의 비옥도 등 많은 것들에 영향을 받기 때문에 농사를 짓더라도 그 결과는 모두에게 똑같을 수 없어. 그래서 매해 풍작이냐 흉작이냐에 따라 어떤 사람은 재산이 늘어나고, 또 어떤 사람은 점점 가난해졌을 거야. 이런 상황이 오랫동안 지속되다 보니 사람마다 경제력에 차이가 생겼을 테고, 이에 따라 계급이

발생하게 된 거지.

계급이 발생하게 된 또 다른 원인은 바로 전쟁이야. 앞서 말했듯 청동기 시대에는 거의 모든 사람들이 농사를 지어 먹고살았는데, 만약 한 마을 전체가 농사를 망친다면 어떻게 될까? 그렇게 되면 그 마을 사람들은 먹을 것이 없어 꼼짝없이 굶어 죽어야 하는 상황에 처하고 말 거야. 그런데 이 마을 사람들이 옆 마을에 먹을 게 많다는 걸 알게 된다면? 아마도 힘을 합쳐 옆 마을로 몰려가지 않을까? 하지만 옆 마을 사람들도 자신들의 식량을 순순히 내어 주지는 않을 거야. 그들도 식량을 빼앗기면 굶어야 하니까 말이야. 그렇다면 두 마을 사람들이 할 수 있는 건 오직 하나, 바로 전쟁뿐이야.

이와 같은 이유로 청동기 시대에는 전쟁이 일어나는 횟수가 본격적으

로 늘기 시작했어. 청동기 시대의 유적 가운데 마을 주변에 설치된 많은 도랑이나 목책(말뚝을 잇따라 박아 만든 울타리) 등이 그 증거야. 이러한 시설은 이전 시대의 유적에서는 볼 수 없는 것으로, 바로 적의 침입에 대비한 방어 시설로 보면 된단다.

마을끼리 전쟁을 벌이면 그 후에는 어떻게 될지 예상할 수 있겠지? 전쟁에서 이긴 마을은 진 마을을 다스리고, 진 마을 사람들은 이긴 마을 사람들의 노예가 되어야 했어. 계급은 바로 이러한 방식으로 차츰 형성되어 갔던 거야.

똑똑한 팁 쌀농사를 시작한 청동기 시대

농경을 갓 시작한 신석기인들은 처음에 조, 수수, 피, 기장 같은 것들을 키웠어. 그러다가 청동기 시대에 들어서면서 본격적인 쌀농사가 시작되었지. 쌀은 질 좋은 식량이 되어 더 많은 사람을 먹여 살릴 수 있었어. 그래서 청동기 시대에 인구는 점차 늘어났고, 곳곳에 대규모 마을이 형성되었지. 이와 관련된 유적으로는 여주 흔암리 유적, 진주 대평리 유적, 부여 송국리 유적 등이 있단다.

▲ 머리에 긴 깃털을 꽂고 농기구로 밭을 일구는 남자의 모습이 새겨진 농경문 청동기

3

정복 전쟁과 국가의 탄생

청동기 시대에는 마을과 마을 혹은 부족과 부족 사이에 전쟁이 수시로 일어났고, 전쟁에서 이기는 쪽은 높은 계급을, 패배한 쪽은 낮은 계급을 차지했어. 그런데 이때 모든 부족이 **청동제 무기**를 가지고 있었을까? 그건 아닐 거야. 청동기 만드는 기술은 당시만 해도 최첨단 기술이었기 때문에 일부 뛰어난 부족들만 가지고 있었을 것으로 추측돼. 심지어 청동기는 구경도 못 해 본 부족들도 상당히 많았겠지. 그렇다면 청동제 무기를 가진 부족과 그렇지 못한 부족이 싸우면 어떤 부족이 이겼을까? 당연히 청동제 무기를 가지고 있는 쪽이 유리했겠지. 청동제 무기를 가지고 있었다면 이미 여러 번의 전쟁에서 이겼을 것이므로, 많은 식량과 노예, 심지어 넓은 땅도 차지한 상태였을 거야.

이렇게 청동제 무기를 사용함으로써 부족을 잘 이끌고 힘을 얻은 족장 역시 그 인기가 하늘 높은 줄 모르고 치솟았겠지? 족장은 자신의 부족이 전쟁에서 이길 수 있게 도와준 청동 검과 청동 창 같은 것을 들고 의기양

양하게 앞으로 나와 부족민들에게 이를 보여 주며 으스대기도 했을 거야. 또 그런 족장의 모습을 바라보는 부족민들은 그가 들고 있는 번쩍번쩍한 물건이 신기하기도 하고, 자기 부족을 위해 하늘이 내려 준 신성한 물건 같기도 해서 감격했을지도 몰라. 심지어 그런 물건을 잔뜩 가지고 있는 족장에게는 존경심마저 들었겠지. 그 당시 족장은 하늘에 제사를 올리는 일을 주관하는 제사장이기도 했으니, 청동 거울과 청동 방울을 들고 제사를 지내는 족장이 얼마나 대단해 보였을까? 이렇게 전쟁을 통해서 족장의 권력은 점점 강해지고, 계급도 차츰 뚜렷해졌을 거야.

▲ 비파형 동검
▲ 장대투겁
▲ 팔주령
▲ 거친무늬 거울
▲ 청동 종방울

이런 변화를 잘 보여 주는 유물이 바로 **고인돌**이야. 고인돌은 당시 **권력자들의 무덤**으로, 밑에 받치는 돌을 세우고 그 위에 큰 돌을 얹어서 만들었어. 점점 더 강한 권력을 쥐게 된 사람들은 자신이 가진 힘을 이용해 죽은 후에도 이런 큰 무덤을 만들었던 거지.

이렇게 부족 간의 전쟁이 반복적으로 벌어진 청동기 시대에는 강한 부족들이 작은 부족들을 하나씩 차지하고 통합해 가면서 점차 **고대 국가**의 모습을 갖춰 나가고 있었어. 그러다 드디어 우리 민족 최초의 국가인 고조선이 등장한단다.

똑똑한 팁 — 고인돌에도 여러 종류가 있다고?

고인돌 가운데 규모가 크고, 무리가 아닌 단독으로 발견된 것은 청동기 시대 지배자의 무덤으로 추측돼. 고인돌은 우리나라 외에도 세계 각지에서 발견되고 있어. 우리나라의 고인돌은 크게 탁자식, 바둑판식, 개석식으로 나눠지는데, 우리가 알고 있는 가장 전형적인 고인돌은 탁자식으로, 주로 한반도 북부에서 발견되었지. 바둑판식은 받침돌의 길이가 짧은 것이고, 개석식은 받침돌이 아예 없는 것인데, 아래의 사진을 보면 그 모양을 잘 알 수 있단다.

▲ 탁자식 고인돌

▲ 바둑판식 고인돌

▲ 개석식 고인돌

우리 민족 최초의 나라, 고조선

청동기 시대에는 여러 개의 작은 부족들 간에 전쟁이 벌어졌고, 이긴 부족은 점점 덩치를 키워 갔어. 그러다가 어느 정도 규모가 커지면 나라가 되었지. 이렇게 청동기 시대에 한반도에도 최초의 나라가 탄생했는데, 바로 '조선'이야. 보통은 '고조선'이라고 부르는데, 이는 나중에 등장한 위만 조선 그리고 이성계가 세운 나라인 조선과 구분하기 위해서지.

《삼국유사》의 〈기이편〉은 고조선의 시작을 한 편의 이야기로 전하고 있어. 이를 간단하게 옮기면 다음과 같아.

옛날에 환인의 아들 환웅이 무리 3,000명을 이끌고 태백산 신단수 아래로 내려와 백성을 다스렸는데, 이분을 '환웅천왕'이라고 한다. 어느 날, 곰과 호랑이가 환웅천왕을 찾아와 사람이 되게 해 달라고 빌자, 쑥 한 줌과 마늘을 주면서 이것을 먹으며 100일간 햇빛을 보지 않으면 사람이 될 것이라고 하였다. 삼칠일(3×7=21일)을 견딘 곰은 여자로 변했지만, 이를 견디지 못한 호랑이는 사람이 될 수 없었다. 이후 곰에서 사람이 된 웅녀와 환웅천왕이 결혼해 아들을 낳았는데, 그가 바로 '단군왕검'이다. 단군왕검은 요임금 즉위 50년에 평양성에 도읍하고 나라 이름을 '조선'이라 했다.

이것이 바로 고조선의 건국 신화, 즉 **'단군 신화'**야. 신화는 실제로 있었던 일을 그대로 전하는 건 아니지만, 하나하나 찬찬히 살펴보면 그 안에 숨어 있는 역사적 사실을 발견할 수 있어. 그렇다면 단군 신화에서 찾을 수 있는 역사적 사실은 무엇일까?

먼저 단군 신화에서는 환웅이 하늘에서 무리를 이끌고 내려왔다고 전하고 있어. 이는 환웅이 다른 지역에서 자신의 부족을 이끌고 한반도 쪽으로 옮겨 온 것인데, 특히 하늘에서 내려왔다는 것은 북쪽에서 내려온 것으로도 해석할 수 있단다.

그럼 곰과 호랑이는 뭘까? 이 부분은 신석기 시대를 공부할 때 살펴보았던 **토템**과 관련지으면 쉽게 이해할 수 있어. 즉, 곰과 호랑이는 각각 곰과 호랑이를 토템으로 하는 부족으로 볼 수 있다는 말이지. 강한 힘을 가진 환웅 부족이 북쪽에서 내려오자 본래 그곳에 살고 있던 곰 부족과 호랑이 부족이 환웅 부족과 힘을 합치고 싶어 했고, 결국 곰 부족이 환웅 부족과 힘을 합치게 된 거야. 이들이 훗날 고조선을 세운 거란다.

똑똑한 팁 '단군왕검'은 무슨 뜻일까?

단군의 정식 명칭은 '단군왕검'으로, 이것은 '단군+왕검'으로 볼 수 있어. '단군'은 제사장, '왕검'은 정치 지도자라는 의미니까 한 사람이 종교 지도자 역할과 정치 지도자 역할을 다 한 것이지. 이건 당시 청동기 사회가 정치와 종교가 분리되지 않은 제정일치 사회였음을 보여 준단다.

▲ 단군 성전에 모셔진 단군상

고조선은 법치 국가?

기록에 따르면 고조선에는 여덟 개 조항으로 이루어진 법이 있었어. 이를 '8조법', 혹은 '8조법금'이라고 해. 현재는 8조법금의 조항 중 세 개 조항만 전해지고 있는데, 그 내용을 잘 살펴보면 고조선이 어떤 나라였는지 알 수 있어.

8조법금 중 세 개 조항

① 다른 사람을 죽이면 죽음으로써 갚는다.
② 다른 사람에게 상처를 입히면 곡물로써 갚는다.
③ 남의 물건을 훔친 사람은 노비로 삼는데, 노비가 되지 않으려면 1인당 50만 전을 내야 한다.

전해지는 조항에 따르면, 고조선은 백성의 **생명**과 **재산**을 지키는 일을 가장 우선시했던 것으로 보여. 특히 첫 번째와 두 번째 조항을 통해서는 다른 사람의 생명을 빼앗는 일을 엄격하게 금하고, 곡물을 돈처럼 사용했다는 걸 알 수 있어. 또한 세 번째 조항은 고조선에서 화폐를 사용했다는 것과 개인의 재산이 인정되었다는 것 그리고 신분 제도가 있었음을 알게 해 주지. 이런 법 조항들을 보면 당시 고조선은 소규모 부족이 아닌, 그보다 규모가 훨씬 더 큰 나라였음을 알 수 있단다.

그런데 법 조항이 여덟 개뿐이라니, 너무 적은 것 아니냐고? 과연 고조선은 이 조항들만으로 나라를 제대로 다스릴 수 있었을까? 고조선의 8조 법금에 대해 기록한 책에 따르면, 여덟 개의 조항은 나중에 60개까지 늘어났다고 해. 이는 고조선 사회가 계속해서 발전해 나갔음을 뜻하지. 처음에는 사회가 조금 단순해서 여덟 개의 법 조항만으로도 충분했는데, 시간이 흐르고 사회가 점점 더 복잡해지면서 사람들이 지켜야 할 조항들이 늘어날 수밖에 없었던 거야.

6

고조선은 어디에 있었을까?

만일 집을 깨끗하게 청소한 후 밖에서 친구와 놀다 왔는데, 우리 집 강아지가 집을 엉망으로 만들어 놓았다고 상상해 봐. 이럴 때 강아지가 어디서 무슨 짓을 했는지 알고 싶다면, 남겨 놓은 흔적을 잘 살펴보면 돼. 예를 들어 강아지가 잘 가지고 노는 장난감들이 거실과 주방에만 흩어져 있다면, 내가 없는 동안 강아지는 거실과 주방에서만 신나게 놀고 내 방에는 들어오지 않은 거겠지?

이 같은 원리를 고조선 사람들의 활동에도 적용해 볼 수 있어. 즉, 고조선 사람들이 만들고 즐겨 사용했던 물건의 흔적이 남아 있는 지역을 찾아보면 당시에 그들이 살았던 지역을 추측할 수 있다는 거야. 그럼 우리가 먼저 해야 할 일은 고조선을 대표하는 유물이나 유적이 무엇인지 알아봐야겠지?

고조선을 대표하는 유물에는 크게 세 가지가 있어. 바로 **고인돌**과 **비파형 동검**, **미송리식 토기**야.

먼저 고인돌은 만드는 데 많은 사람의 힘이 필요하기 때문에, 그 정도 인원을 동원할 수 있는 권력을 가진 사람의 무덤이었을 것으로 보고 있어. 전 세계 고인돌의 40퍼센트 정도에 해당하는 **4만여 기**가 한반도에 분포되어 있지.

그다음으로 비파형 동검은 그 생김새가 중국 악기인 비파와 비슷해서 붙은 이름이야. 중국이나 중앙아시아의 청동 검과 다른 한반도만의 독특한 청동기 시대 유물로 여겨지고 있어. 또 중국이나 중앙아시아의 동검은 손잡이까지 한꺼번에 만드는 데 비해, 비파형 동검은 칼 몸과 손잡이

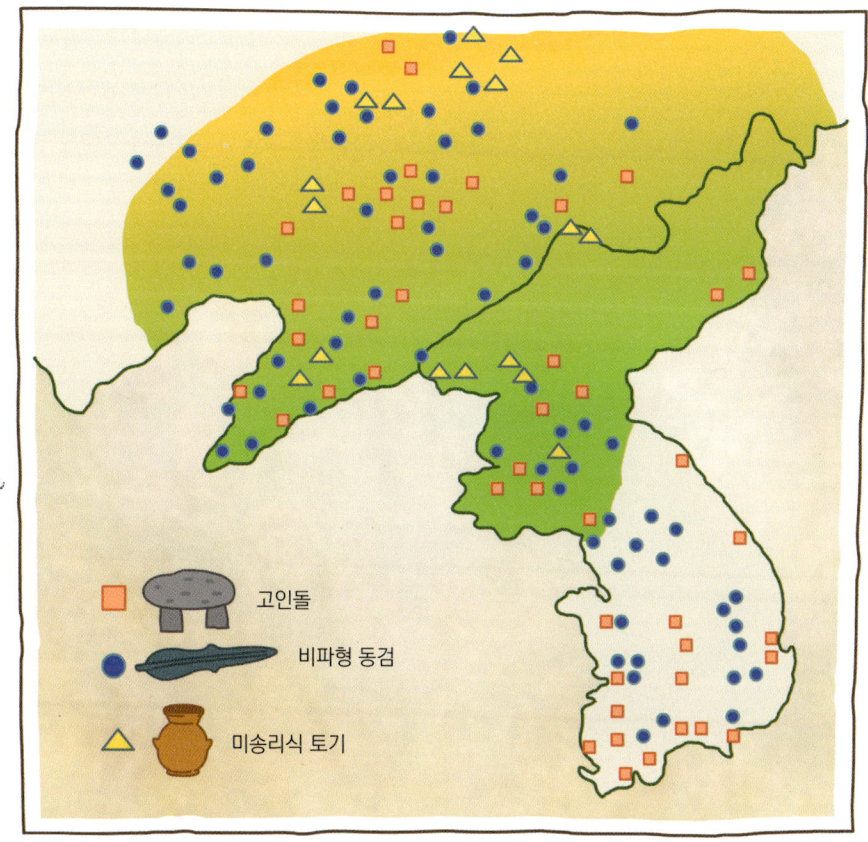

를 따로 만들어 조립하는 게 특징이란다.

마지막으로 미송리식 토기는 청동기 시대에 널리 사용된 민무늬 토기 중 하나로, 1959년 압록강 하류 지역인 평안북도 의주군 미송리 동굴 유적에서 처음 발견되어 이런 이름이 붙었어. 조롱박의 위와 아래를 잘라 낸 모양의 항아리형 토기로, 겉면에 새겨진 가로줄 무늬와 양쪽에 붙은 손잡이가 특징이란다.

위의 세 유물이 발견된 곳이 고조선이라고 생각하면, 고조선의 문화권은 **요동반도와 만주 일대 및 한반도 북부 지역**에 해당한다고 볼 수 있어. 물론 고조선 유물이 발굴된 곳이라고 해서 그 지역이 모두 고조선의 영토인 건 아니야. 이는 고조선의 문화가 영향을 미친 범위라고 생각하면 된단다.

▲ 미송리식 토기

고조선의 성장과 멸망

 《삼국유사》에 따르면, 고조선은 청동기 문화를 바탕으로 주변 여러 나라와 때로는 교류하고 때로는 대립하면서 성장해 갔어. 기원전 3세기 무렵까지는 중국의 춘추 5패 중 하나인 **연나라**를 먼저 공격할 만큼 국력이 커졌고, 연나라에 2,000여 리나 되는 땅을 빼앗겼을 때도 나라가 망하지 않을 만큼 영토도 충분히 넓었지. 하지만 이때 연나라에 영토를 빼앗긴 것이 고조선에 치명적인 영향을 끼쳤을 거라고 해.

 기원전 2세기 초에 이르러 중국에서 진나라가 멸망하고 **한나라**가 들어선 이후 중국으로부터 많은 망명자들이 고조선으로 밀려왔는데, 그중에는 연나라 사람인 **위만**도 있었어. 당시 고조선의 왕이었던 **준왕**은 위만을 믿고 그에게 서쪽 변방의 땅 100여 리를 준 다음 그곳에서 살게 했지. 하지만 중국에서 고조선으로 넘어오는 사람들을 받아들여 몰래 힘을 키운 위만은 준왕에게 한나라가 쳐들어온다는 거짓 보고를 한 뒤, 군사를 이끌고 준왕이 있는 왕검성으로 갔어. 준왕은 자신을 지키러 온 줄 알고 위만을 반갑게 맞이했지만, 위만은 준왕을 내쫓은 뒤 스스로 왕위에 오른단다.

위만은 왕이 된 이후 철기 문화를 받아들여 나라를 크게 발전시켰어. 위만 조선은 위만의 손자 **우거왕** 때까지 발전을 거듭했는데, 우거왕은 주변 나라들과 한나라 사이의 무역을 독점해 막대한 이익을 챙기며 국력을 키워 갔지.

날이 갈수록 위만 조선의 국력이 커지자, 이를 가만히 두고 볼 수만은 없었던 한나라는 위만 조선으로 쳐들어갔어. 하지만 위만 조선도 만만히 여길 상대는 아니었지. 1년이 넘는 기간 동안 한나라의 대군을 잘 막아

냈거든. 하지만 전쟁이 길어지자 위만 조선의 지배층 내에서 분열이 일어나 우거왕은 살해를 당했고, 그 후 성기라는 대신이 왕의 빈자리를 채워 잘 싸웠으나 그마저 죽임을 당하고 말았지. 위만 조선은 결국 **기원전 108년**에 멸망하고 만단다.

마침내 눈엣가시 같던 위만 조선을 무너뜨린 한나라는 그 땅에 **한사군**, 즉 **낙랑**, **진번**, **현도**, **임둔**이라는 네 개의 군을 설치하고 다스리려 했어. 하지만 낙랑을 제외한 나머지 군은 오래 지속되지 못했던 것으로 보여. 한사군 세력이 이렇게 쫓겨날 수밖에 없었던 이유는 그 땅에 계속 살고 있던 고조선 사람들이 한나라의 통치에 반발했기 때문인 것으로 추측한단다.

기원전 2333년 고조선 건국.

기원전 1500년경 청동기 시대 시작.

기원전 2세기경 부여 건국.

기원전 4세기경
한반도에서 철기를 사용하기 시작.

기원전 108년 고조선 멸망.

3장
철기 시대와 여러 나라들

기원전 4세기경 ~ 3세기경

기원전 **57년** 신라 건국(삼국 시대 시작).

1

철기 시대의 시작

한반도에서 철기 시대는 언제부터 시작되었을까? 그리고 앞선 청동기 시대와는 어떤 점이 다를까?

한반도에서 처음 철기가 사용된 건 기원전 4세기경부터라고 해. 이는 중국의 철기 문화가 전해진 것으로, 시간이 지나며 한반도의 철기 문화는 점차 독자적인 문화를 만들어 가기 시작한단다. 그런데 여기서 한 가지 짚고 넘어가야 할 점이 있어. 한반도는 청동기 시대가 완전히 끝난 뒤에 철기 시대가 시작된 것이 아니라, **후기 청동기 시대**와 **초기 철기 시대**가 겹쳐 있다는 사실이야. 또한 철기가 보급되기 시작할 무렵 **세형 동검**의 제작 기술은 최고 수준으로 올라섰고, 이것이 한반도 전역으로 퍼져 나갔다는 사실을 기억할 필요가 있어.

이 시기에 접어들면서 철기가 가장 먼저 활용된 분야는 **무기**와 **농기구**였어. 철은 청동보다 훨씬 단단한 무기가 될 수 있었고, 농기구로서도 아주 유용했지.

한편, 철기 시대의 토기는 청동기 시대보다 종류가 다양해지는데, 민무늬 토기뿐만 아니라 와질 토기나 김해식 토기 등도 사용했어.

그리고 철기 시대가 되면서 그전까지 활발히 만들어지던 고인돌이 점점 줄어들고, 그 대신 나무로 관을 짜서 묻는 **목관묘**와 **독무덤**이 유행하기 시작해. 중국과의 교류도 더욱 활발해졌는데, 이는 경남 창원시 다호리에서 출토된 붓과 명도전(연나라 화폐), 성운문경(한나라 거울) 같은 것들을 통해 알 수 있단다.

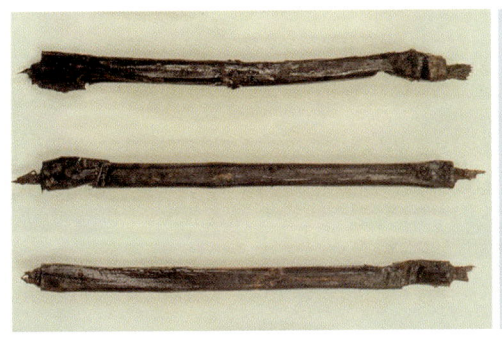

▲ 다호리 붓

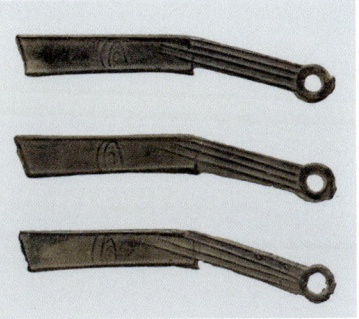

▲ 명도전

2

부여의 등장

부여는 우리 역사에서 아주 중요한 나라 중 하나야. 《삼국유사》에 고구려가 '졸본 부여'라고 기록되어 있기도 하고, 백제는 왕족의 성이 부여씨로 알려져 있으며 성왕 때는 나라 이름도 '남부여'로 고쳤어. 그리고 중국 역사책에도 고구려와 백제가 모두 부여의 별종으로 나와 있을 정도란다.

부여는 기원전 2세기 이전에 건국되어 기원후 494년 고구려에 멸망할 때까지 짧지 않은 역사를 이어 간 국가야. 시조는 동명왕으로, 건국 신화가 고구려의 주몽 설화와 너무 비슷해서 구분이 잘 안 될 정도지. 부여를 떠나온 사람들이 고구려를 건국했다는 걸 생각해 보면, 고구려 사람들이 부여의 건국 신화를 그대로 사용한 것일 수도 있어. 이 건국 신화에 따르면, 북방에 있던 '탁리국'이라는 나라에서 남쪽으로 내려온 동명이 부여를 건국하는데, 이 시기가 기원전 2세기 이전일 것으로 추측해.

하지만 부여는 완전한 형태의 중앙 집권적 국가는 아니었어. 그보다는 5부족 연맹체의 성격이 강했는데, 왕 아래에 마가, 저가, 구가, 우가라는 족장들이 존재해서 왕과 함께 다섯 명이 **제가 회의**를 열어 국가의 중대사를 결정했지.

이 각각의 족장들은 '**사출도**'라는 자신들만의 고유한 영토를 다스렸어. 이들은 제가 회의에서 서로 합의한 뒤 새 왕을 받들기도 하고, 흉년이 들거나 나라에 안 좋은 일이 생기면 왕에게 책임을 물어 왕을 죽이기도 했지. 그만큼 부여의 왕권은 약했다고 볼 수 있단다.

그렇다면 고조선처럼 부여에도 법이 있었을까? 고조선을 이은 부여 역시 법이 있었는데, 현재는 그중 **네 개 조항**만 전해지고 있어. 그 내용을 요약하면 다음과 같아. 첫째, 살인자는 사형에 처하고 가족을 노비로 삼는다. 둘째, 도둑질한 사람은 훔친 것의 열두 배로 갚는다. 셋째, 배우자 이외의 사람과 부적절한 관계를 맺은 사람은 사형에 처한다. 넷째, 투기(질투)하는 부녀자는 사형에 처하되 그 시체를 남쪽 산에 버려 썩게 한다.

어때, 고조선과 비슷해 보이는 것도 있고, 또 완전히 새로운 것도 있지? 고조선의 8조법금과 비교해 보면 살인과 도둑질 관련 조항이 비슷한데, 이를 통해 부여는 사람의 **생명**과 **사유 재산**을 중시했고, **연좌제**(범죄자의 가족에게까지 그 책임을 지우는 제도)가 있었다는 사실을 알 수 있어. 그런데 네 번째 조항은 너무 심하다는 생각이 들지 않아? 질투 좀 했다고 사람을 죽이는 것도 모자라 그 시체를 산에 버린다니, 지금으로서는 상상조차 할 수 없는 일이지. 그런데 이 조항을 통해 우리는 한 가지 사실을 알 수 있어. 바로 이 시기에 만주와 한반도 북부에서는 모계 사회에서 부계 사회로의 전환이 완전히 끝났다는 점이란다.

부여의 또 다른 풍습으로는 매년 정월(지금의 음력 12월)에 제천 행사인 **영고**가 열렸고, 왕이 죽으면 산 사람을 죽여서 같이 묻는 **순장** 제도가 있었어. 그리고 이 외에도 형이 죽으면 동생이 형수와 결혼하는 **형사취수제**와 전쟁에 나가기 전에 소 발굽으로 **점**을 치는 풍습이 있었다고 해. 또 부여 사람들은 **흰옷**을 유독 좋아했다고 하는데, '**백의민족**'이라는 말도 여기서 비롯되었단다.

> 우리 부여 사람들은 흰옷을 좋아하지.

3

옥저와 동예, 초기 국가로 성장하다

기원전 1세기경 한반도 일대에서 고구려와 백제, 신라가 세력을 형성해 갈 즈음, 함경도 해안 지방과 태백산맥 동쪽에는 또 다른 나라가 있었어. 이 중 북쪽의 나라를 '옥저', 남쪽의 나라를 '동예'라고 불러.

옥저는 함경도 해안 지방과 두만강 유역에 위치해 있었는데, 왕은 존재하지 않고 각 읍락을 '삼로'라는 군장이 다스렸어. 중국의 기록을 보면 음식이나 집, 복장, 예절 등은 고구려와 비슷했다고 해.

옥저에는 '민며느리제'라는 독특한 풍습이 있었어. 이는 장차 며느리가 될 여자아이를 열 살이 되기 전에 데리고 와서 성장할 때까지 키운 후, 나중에 정식 며느리로 맞는 결혼 방식이야.

또한 옥저에는 독특한 장례 풍습이 있었는데, 사람이 죽으면 일단 임시로 묻어 두었다가, 훗날 그 가족의 구성원이 모두 죽으면 큰 나무 곽 안에 가족의 뼈를 모아 한곳에 넣는 **가족 공동묘**를 만들었지.

이렇게 발전해 나가던 옥저는 56년에 고구려 태조왕의 공격을 받아 고구려와 합쳐지면서 역사의 무대에서 사라진단다.

한편 동예는 옥저의 남쪽에 있던 나라로, 옥저와 마찬가지로 왕이 없고 **후**, **읍군**, **삼로** 등의 군장이 백성들을 다스렸어. 또한 토지가 비옥하고 **해산물**이 풍부해 자급자족이 가능한 환경이었지만, 주변 나라들의 압력 때문에 제대로 성장하기는 어려웠단다.

동예에서는 10월이 되면 '**무천**'이라는 제천 의식을 치렀는데, 이때 사람들은 밤낮으로 술을 마시며 노래와 춤을 즐겼다고 해.

또 동예 사람들은 서로 다른 부족의 영역을 침범하지 못하게 했어. 만약에 침범하면 노비나 말과 소로 갚아야 했는데, 이를 '**책화**'라고 하지.

그런데 동예가 어떻게 멸망했는지에 대해서는 남아 있는 기록이 없어서 정확히 알 수 없어. 여러 가능성을 두고 추측하건대, 고구려에 합쳐진 것으로 보고 있단다.

옥저와 동예도 우리 역사에서 매우 중요한 나라예요.

4

삼국의 기초를 마련한 삼한

고조선 시대에 만주 북쪽 지역에서 부여가 발전했던 것처럼, 한반도 남쪽 지역에서는 '**진국**'으로 대표되는 세력이 힘을 키우고 있었어. 이 세력은 고조선 사회의 변동에 따라 남쪽으로 이동해 온 고조선 유민의 영향을 받으며 **마한**, **변한**, **진한**, 즉 **삼한**으로 나뉘어 발전하게 된단다.

마한은 지금의 경기도 일부와 충청도, 전라도를 아우르는 지역이었고, 진한은 대구와 경주 지역을 중심으로 한 경상북도 지역, 변한은 김해와 마산을 중심으로 한 경상남도 지역이었어. 중국의 기록에 따르면 삼한은 마한 54개국, 진한과 변한이 각각 12개국씩, 총 78개의 소국으로 구성되어 있었지. 삼한의 중심 세력은 마한이었는데, 54개국 중 가장 세력이 컸던 **목지국**의 지배자가 마한왕 또는 진왕이 되어 삼한을 주도했고, 각국의 지도자들은 큰 나라의 경우 신지와 견지, 작은 나라의 경우는 부례 또는 읍차 등으로 불렸단다.

한편 삼한에는 정치적인 지도자 외에도 종교적 지도자, 즉 제사장인 **천**

군이 있었는데, 천군은 신성한 지역으로 여겨진 **소도**를 다스리면서 제사를 주관했어. 천군이 다스리던 소도는 삼한의 우두머리인 군장의 힘이 미치지 않는 곳으로, 만약 범죄를 저지른 사람이 소도로 도망쳐 오면 잡아가지 못했어. 이는 삼한 사회가 고조선과는 달리 **정치와 종교가 분리된 사회**였음을 보여 주는 하나의 증거라고 할 수 있지.

이 외에도 삼한은 여러 면에서 발전한 모습을 보여 주었는데, 그중 한 예로 **벼농사**를 들 수 있어. 청동기 시대에 밭에서 벼를 키웠다면, 이때부터 물을 댄 논에서 벼를 키우는 농법이 발전했지. 이에 따라 삼한에서는 논에 물을 대기 위해 **저수지** 공사를 벌이기도 했단다.

한편, 삼한 중 변한에서는 **철**이 많이 생산되었어. 그래서 변한은 낙랑과 일본 등지에까지 철을 수출했을 정도로 철기 문화가 발달했다고 해. 당시의 철은 **덩이쇠**의 형태로 판매했는데, 이 덩이쇠는 화폐를 대신하여 사용되기도 했지.

삼한에서는 5월과 10월에 계절제를 열어 하늘에 제사를 지내기도 했어. 이때 온 나라 사람들이 모여 음식과 술을 장만해서 날마다 노래를 부르고 춤을 추며 즐겼다고 해. 그러고 보면 우리 민족은 아주 먼 옛날부터 노래와 춤을 좋아했다는 걸 알 수 있어.

이렇게 삼한이 각각 세력을 유지해 가던 중, 마한은 54개국 중 하나였던 백제국에 의해 합쳐졌고, 변한은 12개국 중 가야국이 6가야의 중심으로 발전했으며, 진한은 사로국이 성장하여 신라로 발전하면서 삼국 시대의 기초를 마련한단다.

기원전 57년 신라 건국.
기원전 37년 고구려 건국.
기원전 18년 백제 건국.
42년 가야 건국.

313년 고구려, 낙랑군 정복.

371년 고국원왕 전사.

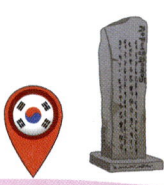
414년 광개토 대왕릉비 건립.

512년 신라, 우산국 정벌.

475년 백제 한성 붕괴, 웅진 천도.

532년 금관가야 멸망.

538년 백제, 사비 천도.

삼국 시대

기원전 57년 ~ 668년

 612년 살수 대첩.   **660년** 백제 멸망.   **668년** 고구려 멸망.

1

알에서 나온 박혁거세, 신라를 열다

《삼국사기》는 삼국 가운데 가장 빨리 건국된 나라는 신라로, 기원전 57년에 나라를 세웠다고 기록하고 있어. 하지만 《삼국사기》를 쓴 김부식이 신라 왕족의 후손이어서 그렇게 기록했을 거라는 의심을 받고 있지.

그렇다면 실제로 삼국 중 가장 빨리 건국된 나라는 어디일까? 그건 아마도 고구려일 거라고 추측하고 있어. 중국 문헌에 고구려가 800~900년 정도 역사를 이어 갔다고 기록되어 있기도 하고, 대표 무덤 양식인 돌무지 무덤도 고구려가 더 오래되었기 때문이야. 하지만 고구려의 건국 시기와 관련된 주제는 너무 까다롭기에, 여기서는 《삼국사기》의 기록을 따르려고 해. 이 책을 읽고 역사에 좀 더 관심이 생긴다면 고구려의 건국 시기에 대해 자세히 공부해 보는 것도 좋겠지?

그렇다면 《삼국사기》는 신라의 시작을 어떻게 기록하고 있을까? 고조선이 망하고 나서 고조선의 유민들이 경주 부근으로 옮겨와 여섯 개의 마을을 이루어 살고 있었어. 이 마을을 '사로 6촌'이라고 한단다. 어느 날, 여섯 개의 마을 중 돌산고허촌의 촌장 소벌공이 양산 기슭을 바라보는데, '나정'이라는 우물 옆에 있는 숲 사이에 웬 말이 꿇어앉아 울고 있었어. 무슨 일인지 궁금해진 소벌공이 얼른 그곳으로 가 보니, 말은 온데간데없고 커다란 알이 하나 놓여 있었지. 소벌공은 그 알을 즉시 깨뜨려 보았고, 안에서 사내아이가 나왔어.

사로 6촌 사람들은 그 아이를 데리고 가서 키우다가 13세가 되는 해에 왕으로 삼고 나라 이름을 '**서라벌**'이라고 했어. 이것이 바로 신라의 시작이란다. 그때 알에서 나온 사람이 바로 신라의 시조인 **박혁거세**인데, 알이 박처럼 생겨서 성을 '박'이라 했다고 해. 그런데 그는 왕이 된 후 '혁거세 왕'이 아닌 '혁거세 거서간'이라고 불렸어. 거서간은 당시 신라의 왕을 가리키던 이름으로, 박혁거세에게만 적용된 호칭이었단다.

2

주몽, 고구려를 건국하다

신라의 시조가 박혁거세라면, 고구려의 시조는 누구이고 또 어떻게 고구려를 세운 걸까? 기록에 따르면 고구려의 시조는 '**추모**' 혹은 '**주몽**'이라는 사람으로, 그 어머니는 강을 다스리는 물의 신 하백의 딸 **유화 부인**이었다고 해.

유화는 어느 날, 자신을 하느님의 아들이라고 소개한 **해모수**라는 사람을 만나 사랑을 키웠는데, 이후 해모수는 어디론가 가 버리고 돌아오지 않았어. 이 사실을 알게 된 유화의 아버지 하백은 화가 단단히 나서 유화를 우발수라는 연못 근처로 보내 버렸지. 그런데 우연히 우발수 근처를 지나다 유화를 보게 된 **동부여의 왕 금와**가 유화를 자신의 궁궐로 데리고 갔고, 얼마 후 유화는 큰 알을 하나 낳았어.

시간이 흐르고, 이 알 속에서 한 남자아이가 태어났어. 남자아이는 일곱 살 때 스스로 활과 화살을 만들어 쏘았는데, 쏘는 것마다 백발백중이었어. 부여에서는 **활을 잘 쏘는 사람**을 '**주몽**'이라 불렀고, 이는 곧 남자아이의 이름이 되었지.

　당시 금와왕에게는 일곱 명의 왕자가 있었는데, 주몽의 영특함과 재주를 시기한 왕자들은 여러 신하와 짜고 주몽을 죽이려 했어. 이 사실을 알게 된 유화는 아들인 주몽을 불러 멀리 달아나라고 말했단다.

　친구인 오이, 마리, 협보와 함께 도망치던 주몽은 중간에 엄호수라는 큰 강을 만났어. 동부여 군사들에게 붙잡힐까 봐 마음이 급해진 주몽이 강을 향해 "나는 하느님의 손자이자, 물의 신 하백의 외손자다. 나를 쫓는 자들을 피해 달아나야 하는데, 물을 만났으니 어찌하면 좋겠는가?"라고 말했어. 그러자 갑자기 물속에서 자라와 물고기들이 나타나더니 다리를 만들어 주몽 일행이 건널 수 있게 해 주었지. 그렇게 강을 건너 **졸본천** 근처에 도착한 주몽 일행은 그곳에 터를 잡고 나라를 세우는데, 나라 이름을 '**고구려**'라고 했단다.

3

백제를 세운 고구려 왕자, 온조

졸본천 부근에 도착한 주몽은 이미 그곳에 자리 잡고 있던 졸본 왕의 둘째 딸 **소서노**와 혼인을 했어. 당시 **비류**와 **온조**라는 두 아들이 있었던 소서노는 동명왕, 즉 주몽이 고구려를 건국하는 데 큰 도움을 주었지. 그러던 어느 날 동명왕이 동부여에 두고 온 아들 유리가 아버지를 찾아 고구려로 오면서, 소서노는 다음 왕위를 자신의 두 아들이 아닌 유리에게 빼앗길 위기에 처했어. 결국 고구려에서는 더 이상 미래를 꿈꿀 수 없다고 판단한 소서노는 두 아들과 함께 남쪽으로 떠나기로 결정한단다.

한강 부근까지 내려간 소서노와 비류, 온조는 한산에 올라 남쪽 땅을 내려다보았어. 그들 눈에 비친 한산 아래의 남쪽 땅은 왠지 살 만해 보였지. 다들 좋은 땅을 찾았다며 기뻐하던 그때, 비류만은 저 멀리 바닷가에 가서 살고 싶다며 고집을 피웠어. 많은 신하가 비류를 말렸지만, 그의 고집을 쉽게 꺾을 수는 없었지. 결국 비류는 자신을 따르는 일부 백성들을 데리고 바닷가인 **미추홀**(지금의 인천)로 가서 터를 잡았고, 동생 온조는 한강 남쪽 **위례성**에 도읍을 정한 뒤 나라 이름을 '**십제**'라고 했어. 이것이 **기원전 18년**의 일이야.

하지만 비류가 선택한 미추홀 지역은 땅이 습하고 물이 짜서 백성들이 살기에 좋지 않았어. 기록에 따르면, 동생인 온조가 다스리던 십제의 위례성을 방문한 비류는 나라가 안정되고 백성들이 평안한 모습을 보며 매우 부끄러워했어. 신하들의 말을 듣지 않고 고집부린 것을 후회하던 비류는 결국 미추홀로 돌아가 시름시름 앓다가 죽었다고 해. 그 후 미추홀에 있던 백성들은 모두 위례성으로 옮겨 가 살게 되었지.

온조는 형을 따라갔던 백성들도 차별 없이 모두 받아 주었고, 백성들이 늘어난 것을 기념해 나라 이름을 십제에서 '**백제**'로 바꾸었단다. 삼국 가운데 백제가 본격적으로 역사에 등장한 순간이지.

4

구지봉의 김수로, 가야를 세우다

신라, 고구려, 백제가 각기 나라로서의 첫걸음을 내딛고 있을 때, 한반도의 남쪽 끝 **변한** 지역에도 나라를 세우기 위한 움직임이 일고 있었어.

지금의 김해 지역에 아홉 간이 다스리는 아홉 개의 마을이 있었는데, 비록 왕은 없었지만 사람들은 열심히 농사를 지으며 평화롭게 살았어. 그러던 어느 날, 이 마을들과 가까운 곳에 있는 **구지봉**이란 산에서 이상한 소리가 들려와 200~300명의 마을 사람들이 그곳으로 달려갔어. 그때 어디선가 사람의 목소리가 들려오더니 이렇게 물었어. "이곳에 사람이 있느냐?" 그러자 마을 사람들이 대답했어. "우리가 있습니다." 목소리가 또 물었지. "여기가 어디냐?" "구지입니다." 사람들이 이렇게 말하자 목소리가 계속 말했어. "하늘이 나에게 명하기를 이곳에 나라를 세우고 임금이 되라고 하셔서 일부러 여기에 내려온 것이니, 너희는 산꼭대기의 흙을 파면서 내가 알려 주는 노래를 불러라. 그러면 대왕을 맞이하여 기뻐 뛰놀게 될 것이다." 이에 사람들은 크게 기뻐하고 산꼭대기의 흙을 파면서 목소리가 알려 준 노래를 불렀어. "거북아, 거북아, 머리를 내어라. 내어 놓지 않으면 구워 먹으리." 얼마가 지났을까? 갑자기 하늘에서 자줏빛 줄이 내려왔는데, 그 줄의 끝에는 금으로 만들어진 상자가 매달려 있었단다.

상자를 열어 보니 안에는 황금알 여섯 개가 들어 있었어. 이를 본 사람들은 크게 기뻐하며 그 황금알 여섯 개를 아홉 간 중 한 사람인 아도간의 집에 두고 각기 집으로 돌아갔지. 다음 날 아침, 놀랍게도 황금알에서 여섯 명의 사내아이가 나왔어. 그로부터 10여 일이 지나자 아이들은 어른으로 자랐고, 며칠 후 모두 왕위에 올랐어. 여섯 명의 아이 중 가장 먼저 태어난 아이는 이름을 '**수로**'라 정하였고, 금으로 된 상자에서 나왔으므로 '김'이라는 성씨를 붙여 주었지. 또 수로왕이 다스리는 나라 이름을 **대가락**, 혹은 **가야국**(훗날 금관국)이라고 지었다고 해. 나머지 다섯 명도 각각 5가야의 왕이 되었단다.

77

이것이 우리가 흔히 **금관가야**로 알고 있는 나라의 건국 신화야. 마을 사람들이 부른 노래는 '**구지가**'라고 하는데, 가사가 꽤 재미있지?

수로왕과 관련해서 또 다른 재밌는 이야기가 있어. 수로왕이 왕이 된 후에 몇 년이 지나도록 왕비를 맞아들이지 않자, 신하들은 자신의 딸들 중에서 왕비를 고르라고 왕을 닦달했어. 하지만 수로왕은 느긋하게 하늘이 곧 왕비를 보내 줄 거라며 걱정하지 말라고 신하들을 안심시켰어. 그러고는 왕비가 배를 타고 올 거라는 말과 함께 바다에서 낯선 배가 다가오는지 살펴보라고 신하를 보냈지. 그런데 며칠 후에 정말 서쪽에서 배가 한 척 나타났지 뭐야. 그 배에는 인도 아유타국의 공주가 타고 있었고, 이후 수로왕은 그 공주와 결혼해서 행복하게 살았다고 해.

▲ 가야 건국 설화의 내용을 그려 넣은 것으로 보이는 토제 방울

고구려의 발전

고구려는 기원후 53년에서 146년까지 나라를 다스렸던 **제6대 왕 태조왕** 때부터 본격적으로 고대 국가로의 발전을 위한 기틀을 마련했어. 태조왕은 동옥저를 정복하여 동쪽으로는 동해, 남쪽으로는 살수에 이르기까지 영토를 확장했는데, 이처럼 적극적인 **영토 확장**을 통해 **중앙 집권화**(국가의 통치 권력이 지방으로 흩어지지 않고 중앙 정부에 집중되어 있는 것)를 이루려고 노력했단다. 또한 고구려의 성장을 저지하려는 **후한**에 대해서는 사절을 파견해 평화 공세를 펼쳤고, 여러 차례 요서 지역으로 군사를 보내 서방 진출을 꾀하기도 했지. 이런 정복 활동 과정에서 커진 군사력과 경제력을 기반으로 왕권은 점차 안정되어 갔고, 비록 부자 세습(아버지와 아들 간에 왕위를 물려주고 물려받음)은 아니었지만 왕위 또한 안정적으로 세습할 수 있게 되었어.

태조왕의 업적을 이어받아 179년부터 197년까지 고구려를 다스렸던 제9대 왕 **고국천왕**은 부자 세습을 통해 왕위를 이어받았어. 그리고 5부족을 **5부**로 만들어 행정 구역을 정비하고, 5부족 출신들을 중앙 귀족으로 만드는 등 왕권 강화와 중앙 집권화에 더욱 박차를 가했단다. 특히 귀족 출신이지만 조용히 농사를 지으며 살던 **을파소**를 등용하여 국상으로 임명한 뒤, 중앙 귀족화한 5부족 출신 세력을 견제하면서 왕권을 강화하려고 노력했어.

한편 을파소는 고국천왕에게 **진대법**을 건의하여 실시하게끔 했는데, 이는 백성들에게 봄에 곡식을 빌려주고 가을에 갚게 하는 제도야. 진대법은 단순히 가난한 백성을 도와주는 제도로 보이지만, 사실은 귀족들에게 빌린 곡식 때문에 평민들이 귀족의 노예가 되는 것을 방지함으로써 귀족 세력이 커지는 것을 막고자 하는 목적을 지닌 제도였단다.

그렇다면 고구려에는 어떤 풍습이 있었을까? 고구려는 매년 10월마다 하늘에 제사를 지내는 의식을 치렀어. 이를 '**동맹**'이라고 불렀지. 또한 두 남녀가 결혼하기 전에 먼저 여자의 집에서 살다가 아이를 낳고, 그 아이가 어른이 되면 남편의 집으로 돌아가는 '**데릴사위제**'라는 풍습도 있었어.

백제는 어떻게 발전했을까?

온조의 노력으로 한강 부근에 자리를 잡고 성장하기 시작한 백제는 꾸준히 주변 나라들을 정복하면서 힘을 키워 갔어. 그러다 3세기 중반 **고이왕** 때에 이르러 마한의 중심 세력인 목지국 등을 통합해 나갔고, 낙랑군과 대방군을 공격했지. 이렇게 고이왕은 한강 중상류 지역을 포함한 **한반**

도 중부 지역을 손에 넣으면서 고대 국가로서의 기틀을 마련한단다. 이 외에도 관료 제도를 정비하고 관등제의 기초를 마련했는데, 여섯 개의 부서를 만들어 각각의 고유한 업무를 맡게 했으며, 각 부서를 전체적으로 관리하는 좌평이라는 직책도 새로 만들었어. 또 관리들이 입는 관복의 색을 구별한 관복제를 도입하고, 법령을 만들어 나라의 기틀을 확고하게 다짐으로써 왕권을 강화해 갔지.

이렇게 고이왕은 각종 제도를 정비함으로써 백제가 성장할 수 있는 토대를 잘 닦아 놓았어. 이는 약 100년 뒤, 근초고왕 시절에 백제가 전성기를 누릴 수 있는 기반이 되어 준단다.

> **똑똑한 팁** 6좌평이 하는 일은 무엇이었을까?
>
> 고이왕은 나라의 행정 업무를 여섯 개의 부서로 나눈 뒤, 이를 '좌평'이라는 관직이 각각 맡아서 처리하게 했어. 이때의 6좌평은 왕명의 출납을 담당하는 내신좌평, 물자와 창고에 관한 일을 담당하는 내두좌평, 예법과 의식을 주관하는 일을 담당하는 내법좌평, 왕의 호위와 왕궁을 지키는 일을 담당하는 위사좌평, 형벌과 감옥에 관한 일을 담당하는 조정좌평, 군사와 무기에 관한 일을 담당하는 병관좌평이 있었단다.

백제의 전성기는 언제일까?

백제 제13대 왕인 **근초고왕**은 346년부터 375년까지 나라를 다스렸는데, 근초고왕이 나라를 다스린 이 시기를 **백제의 전성기**로 보고 있어. 고이왕이 튼튼히 다져 놓은 국가의 힘을 바탕으로 근초고왕은 **활발한 정복 활동**을 벌여 백제의 영토를 최대로 넓혔지.

근초고왕은 즉위 후 백제의 세력권에서 벗어나 있던 마한의 남은 세력을 복종시킨 뒤, 전라도 지역 일부까지 영역을 확보했어. 또한 낙동강 서쪽의 **가야 세력**을 영향권 안에 넣었지. 이후에는 **북방으로의 진출**을 꾀했는데, 이를 위해 고구려와의 대립은 피할 수 없었어.

이때는 고구려의 **미천왕**이 백제와 고구려 사이에 있던 낙랑군을 없앤 직후였기에, 역사상 처음으로 백제와 고구려가 직접 대면한 시기이기도 해. 이 싸움에서 백제군은 고구려군을 압도했지. 369년 2만여 명의 고구려군이 지금의 황해도 지역을 공격하자, 근초고왕은 태자를 보내 고구려군을 물리쳤어. 그리고 2년 후인 371년에 고구려군이 다시 쳐들어왔을 때도 백제는 기습 작전을 벌여 승리를 거두었지. 그러고 나서 근초고왕은 곧바로 태자와 함께 평양성을 공격해 고구려의 고국원왕을 전사시키기까지 했단다. 이 전투로 백제는 고구려 땅이었던 대방 지역의 일부를 점령할 수 있었어.

중국의 몇몇 역사서를 보면, 이때 백제가 중국의 요서 지역을 점령해서 다스렸다는 기록이 있어. 그런데 학자들 사이에서는 이 기록을 두고 사실인지 아닌지에 대한 논쟁이 계속되고 있단다.

근초고왕 시기에 백제는 튼튼한 국력을 바탕으로 외교 활동도 활발히 펼쳤어. 372년에는 중국 동진에 최초로 사신을 보내 외교 관계를 맺었고, 신라와 우호 관계를 유지했으며, 일본과도 활발한 교류를 이어 갔지. 바로 이 시기에 일본과의 관계에서 백제의 지위를 짐작하게 할 만한 유

▲ 칠지도

물로는 **칠지도**가 있어. 이것은 근초고왕이 일본 왕에게 준 것으로 보이는데, 그 성격이 큰 나라의 임금이 작은 나라의 임금에게 내린 것인지, 아니면 작은 나라의 임금이 큰 나라의 임금에게 바친 것인지에 대해서는 우리나라와 일본의 의견이 서로 다르단다.

근초고왕은 나라의 힘이 커지자 백제의 역사를 정리한 《서기》라는 역사책을 만들었어. 또한 왕위 세습 방식을 형제 세습에서 **부자 세습**으로 바꿈으로써 왕권을 더욱 강화했지.

똑똑한 팁 — 고구려는 왜 추월당했을까?

고구려와 백제 중 고대 국가의 기틀을 먼저 마련한 것은 고구려인데, 왜 전성기는 백제가 먼저 맞이한 걸까? 이 질문에 대한 답은 고구려 영토의 위치와 관련지어서 생각해 볼 수 있어. 즉, 한반도의 북쪽에 위치한 고구려는 중국 쪽 세력의 계속되는 침략을 견디면서 나라를 발전시킬 수밖에 없었던 반면, 백제는 주변 소국만 상대하면 되었기 때문이지.

우리 고구려는 중국 쪽의 침략을 잘 막아 내고 있어.

8

신라는 어떻게 발전했을까?

    백제의 근초고왕이 부지런히 정복 활동을 벌이면서 전성기를 보내고 있을 무렵, 신라도 새로운 시대를 맞이하고 있었어. 내물 이사금이 왕이 되면서 지금까지 박씨, 석씨, 김씨가 번갈아 가면서 왕위를 이어 가던 관습이 바뀌어 **김씨**에서만 왕이 나오게 된 것이지. 이를 통해 김씨들의 권력이 더욱 강해졌음을 알 수 있는데, 이 같은 사실을 뒷받침하는 증거 가운데 하나가 바로 내물 이사금이라는 이름을 마립간으로 바꾼 일이야. 이때부터 효공왕 때까지 줄곧 김씨가 왕위를 이어받는단다.

    그런데 위에 나오는 '이사금'이나 '마립간'과 같은 말은 무얼 뜻하는 걸까? 그건 바로 신라에서 **왕을 가리키던 이름**이었어. 즉, 신라 사람들은 왕을 왕이라 부르지 않고 시대에 따라 **'거서간', '차차웅', '이사금', '마립간'** 등으로 불렀지. 거서간과 차차웅은 각각 박혁거세와 그의 아들 남해에게만 적용되었던 이름이고, 이사금은 제3대 유리 이사금부터 내물 이사금까지 총 14명에게 적용되었으며, 마립간은 내물 마립간부터 지증 마

립간까지 5명에게 적용되었어. 그리고 지증왕부터는 본격적으로 '왕'이라 불렸는데, 이는 신라가 멸망할 때까지 계속되었단다.

한편, 내물 마립간 시대에 있었던 아주 중요한 사건 중 하나가 **광개토왕의 신라 구원**이야. 백제와 왜가 힘을 합쳐 신라로 쳐들어오자, 이에 대항할 힘이 없다고 판단한 내물 마립간은 고구려에 도움을 요청했어. 이때 광개토왕은 병사 5만 명을 이끌고 직접 싸우러 나가 신라를 도와주었지. 고구려는 낙동강 하류에 위치한 **가야** 지역까지 내려가 왜군을 격파했는데, 이 과정에서 가야 지역의 세력 구도에 변화가 생기면서 **금관가야**가 큰 타격을 입고 국력이 점점 약해졌지. 결국 이 일은 금관가야가 멸망하는 계기가 되고 말았어.

또 내물 마립간은 국제 외교에도 힘을 썼는데, 377년 고구려 사신의 안내를 받아 **전진**과 외교 관계를 맺은 이후 382년에는 위두를 사신으로 보내기도 한단다.

9

불교는 언제 전해졌을까?

　불교는 기원전 6세기경 인도의 **고타마 싯다르타**가 창시한 종교로, 부처의 가르침을 실천하여 욕심을 끊어 내면 죽음과 탄생을 반복하며 겪는 고통에서 벗어나 진리를 깨달을 수 있다고 주장해.

　이후 불교는 인도 이외의 지역으로 전파되기 시작하는데, 기원전 2세기경 중앙아시아를 거쳐 기원 전후 중국으로까지 전해진단다.

　그럼 삼국에는 불교가 언제 전해졌을까? 이에 대해서는 가야 김수로왕의 왕비였던 허황옥이 인도에서 오면서 불교도 함께 들여왔다는 주장이 있어. 한편 고구려에는 372년 **소수림왕** 때 중국의 전진에서 온 순도라는 스님이, 백제에는 384년 **침류왕** 때 인도 스님인 마라난타가 전해 준 것으로 짐작해. 또 신라에는 그보다 조금 늦은 5세기 초 **눌지왕** 시절에 고구려의 스님인 묵호자가 전했다고 알려져 있단다.

　그러면 불교가 삼국에 전해진 것은 어떤 중요한 의미를 지니고 있을까? 불교 수용을 고대 국가 성립의 조건으로 삼을 정도로 불교는 삼국에서 중요하게 여겨졌는데, 과연 그 이유는 무엇일까?

　우선 당시는 왕이 여러 부족장 가운데 한 사람이었던 때로부터 얼마 지나지 않은 시점이었음을 기억할 필요가 있어. 왕들은 자신의 권력을 강화하기 위해 백성들이 자신을 단지 부족장들 가운데 한 명이 아닌, 다른 부족장들과는 차원이 다른 사람으로 생각해 주기를 바랐지. 이런 상황에서 수많은 보살과 제자가 부처를 가장 훌륭한 존재로 믿고 섬기는 불교를 일반 백성들로 하여금 믿게 한다면, 왕과 부처를 동일하게 생각함으로써 왕권을 강화시킬 수 있을 거라고 생각하지 않았을까? 삼국이 불교를 받아들인 것은 바로 이런 정치권의 필요와 맞아떨어졌기 때문이라고 볼 수 있단다.

고구려의 전성기

백제가 4세기에 전성기를 맞았다면, 5세기는 고구려의 전성기였어. 고구려 **제17대 왕**인 **소수림왕**은 371년부터 384년까지 14년 동안 나라를 다스렸는데, 당시는 고구려가 굉장히 어려운 시기였음에도 훌륭하게 나라를 이끌어 갔어. 그 덕에 조카인 광개토왕 때 전성기를 맞이할 수 있었단다.

하지만 고구려는 그 전에 많은 비극을 겪어야 했어. **제16대 왕 고국원왕** 때는 중국의 '전연'이라는 나라에 크게 패하면서 나라가 쑥대밭이 되었고, 이후 숨돌릴 틈도 없이 백제의 **근초고왕**이 3만 명의 병사를 이끌고 쳐들어왔던 거야. 이때 고구려와 백제는 **평양성**에서 전투를 치렀는데, 소수림왕의 아버지인 고국원왕은 이 전투에서 화살에 맞아 숨을 거두었어. 고구려의 입장에서는 그야말로 하늘이 무너지는 일이었지.

소수림왕은 이런 심각한 위기 상황 속에서 아버지의 뒤를 이어 왕이 되었어. 하지만 16년 동안이나 태자 생활을 하며 고국원왕을 지켜봐 왔

기 때문에 자신이 왕으로서 무엇을 해야 하는지 잘 알고 있었지. 소수림왕은 제일 먼저 무너진 왕의 권위를 바로 세우는 일에 나섰어. 첫 번째로 그는 **율령**을 반포해 나라의 통치 체제를 확실하게 갖추었고, 두 번째로 유교를 교육하는 기관인 **태학**을 설치해 왕의 편을 들어 줄 관리들을 키움으로써 왕권을 강화했지. 그리고 세 번째로는 **불교**를 받아들였어. 불교가 어떻게 왕권을 강화하는지에 대해서는 앞에서 설명했으니 알고 있겠지? 그렇다면 고구려는 어떻게 불교를 받아들이게 되었을까?

　당시 중국에서는 고구려의 적국이었던 전연이 고구려와 사이가 좋았던 '전진'이라는 나라에 의해 멸망하는 사건이 일어났어. 그런데 어느 날, 전진에서 '**순도**'라는 스님이 불상과 불경을 가지고 사신과 함께 고구려로 건너왔어. 소수림왕은 이 일을 계기로 백성들에게 불교를 적극 권장하

고, 전진과의 친교도 이어 가면서 자신의 왕권을 강화했단다.

이처럼 소수림왕은 고구려의 국력을 단순히 회복하는 것에만 그치지 않고 한 단계 더 발전시켰어. 이를 바탕으로 광개토왕은 주변 나라들을 꼼짝 못 하게 할 만큼 국력을 크게 성장시킬 수 있었단다.

391년부터 412년까지 고구려를 다스린 **제19대 왕 광개토왕**은 소수림왕의 업적을 바탕으로 적극적인 **정복 활동**을 펼침으로써 고구려를 동아시아의 강국으로 만들었어. 당시 고구려는 우리나라 최초로 **'영락'**이라는 연호를 사용해서 광개토왕을 '영락 대왕'이라고 부르기도 해.

광개토왕은 백제를 적극적으로 공격해 여러 성을 빼앗으며 **한강 이남**까지 차지했고, 백제의 아신왕에게서는 영원히 신하가 되겠다는 맹세를 받아 내기도 했어. 또 서쪽으로는 후연과 치열한 대결을 펼쳐 요동 지역을 차지했고, 동쪽으로는 동부여를 정복하였으며, 북쪽으로는 거란(비려)과 숙신을 정벌하여 고구려의 영역을 크게 넓혔어. 이런 광개토왕의 업적은 그의 아들 장수왕이 세운 **광개토 대왕릉비**에도 새겨져 있단다.

광개토왕의 아들로 412년부터 491년까지 고구려를 다스린 **장수왕** 때는 고구려 국력이 가장 강했던 시기로, 당시 중국의 나라들과도 대등한 지위에서 교류했어. 또 장수왕은 왕권을 위협하는 귀족 세력을 약화시키기 위해 평양으로 도읍을 옮겼지. 이 덕분에 고구려는 한강 이남으로까지 진출했는데, **충주 고구려비**가 이 같은 사실을 잘 보여 주고 있단다.

▲ 광개토 대왕릉비

장수왕의 꾀

광개토왕의 아들인 **장수왕**은 왕이 된 후에 수도를 국내성보다 훨씬 남쪽에 있는 평양성으로 옮긴 후 **남진 정책**을 실시했어. 이는 신라와 백제에 맞닿아 있는 국경 지역을 안정시킴으로써 중국과의 분쟁 상황에 더 강력하게 대응하고자 한 거야. 고구려가 이러한 목적을 이루기 위해서는 백제의 힘을 확실히 빼 놓는 것은 물론 **한강을 차지**해야 했는데, 백제의 수도인 한성이 한강 근처에 위치해 있었기 때문에 이 또한 쉽지 않았지.

그래서 장수왕은 한 가지 꾀를 생각해 냈어. 당시 백제의 왕이었던 **개로왕**이 **바둑**을 몹시 좋아한다는 소문을 듣고 바둑을 잘 두는 **도림 스님**을 백제에 간첩으로 보낸 거야. 뛰어난 바둑 실력을 뽐내며 금세 개로왕의 마음을 얻은 도림은 함께 바둑을 두면서 개로왕에게 여러 가지 조언을 했어. 겉으로는 백제와 개로왕을 위하는 것처럼 보였지만, 사실 백제에 큰 해를 끼치려는 속뜻이 숨어 있는 조언이었지.

결국 개로왕은 도림의 조언대로 성을 쌓고, 궁궐과 누각 등을 화려하게 지었으며, 선왕의 무덤을 다시 만들었어. 그러자 나라의 곳간이 텅텅 비고, 공사에 동원된 백성들은 지칠 대로 지치고 말았지. 얼마 후 고구려로 도망친 도림은 장수왕에게 이 사실을 알렸고, 장수왕은 크게 기뻐하며 직접 군사 3만 명을 이끌고 백제를 공격했단다.

고구려 군사들이 쳐들어오자 이를 도저히 막을 수 없다고 느낀 개로왕은 태자를 남쪽으로 피난 보내고 자신은 한성에 남아 끝까지 싸웠어. 하지만 북쪽 성에 이어 남쪽 성마저 무너질 위기에 놓이자, 개로왕은 탈출을 시도했지. 그러나 결국 고구려 군사들의 추격을 받아 붙잡혀 죽임을 당하고 만단다.

12

백제와 신라가 손을 잡았다고?

고구려의 장수왕이 남쪽으로 밀고 내려오려는 정책을 펼치자, 백제와 신라 두 나라는 매우 불안해했어. 그대로 있다가 언제 고구려의 공격을 받을지 모르는 상황이었거든.

앞에서 살펴보았듯이 백제는 근초고왕 때부터 **한강 지역**을 두고 고구려와 대립해 왔어. 한때는 고국원왕을 전사시킬 만큼 고구려를 압도할 때도 있었지만, 광개토왕 때부터는 고구려에 점차 밀리기 시작했지. 한편, 신라는 내물 마립간 때 고구려의 도움으로 왜와 가야 연합군을 물리친 후부터 고구려의 영향력 아래 놓이게 되었고, 눌지 마립간이 왕이 된 뒤부터는 고구려에서 벗어나기 위해 애를 썼어. 이처럼 백제와 신라의 이해관계가 맞아떨어지자, 433년에 백제의 **비유왕**과 신라의 **눌지 마립간** 사이에 동맹이 이루어졌지.

하지만 이때 신라와 백제의 동맹, 즉 **나제 동맹**은 이렇다 할 만한 효과를 발휘하지 못했어. 고구려의 힘이 워낙 강하기도 했고, 백제와 신라의 손발이 잘 맞지도 않았거든. 그러다 결국 백제는 고구려 장수왕의 공격으로 수도인 한성을 점령당하고 개로왕이 살해되는 엄청난 일을 겪게 되었어. 또한 신라도 481년에 고구려군이 경주 근처까지 내려와 위협하는 사건이 발생한단다. 이에 두 나라는 다시 동맹을 강화해야 할 필요성을 느끼고, 493년 백제의 동성왕과 신라 소지 마립간의 공주를 결혼시키는 **혼인 동맹**을 맺었어. 이 혼인 동맹은 백제와 신라 두 나라 중 한 나라가 다른 나라에 침략을 당하면 서로 도움을 주는 **군사 동맹**에 관한 내용까지 포함된 것이었지.

이후 고구려의 내부 사정이 어지러워진 틈을 타 두 나라는 힘을 합쳐 고구려를 공격하여 한강 유역을 되찾았어. 하지만 영원한 적도 영원한 아군도 없는 법, 이후 신라가 백제의 뒤통수를 치고 한강 유역을 독차지하면서 두 나라의 동맹은 깨지고 만단다.

13 신라의 전성기를 준비한 왕은 누구? (1)

앞에서 고구려가 5세기 광개토왕과 장수왕 때 전성기를 보냈다는 내용을 살펴봤어. 그렇다면 삼국 중 신라의 전성기는 언제였을까? 신라의 전성기는 바로 **6세기**야. 그러니까 백제는 4세기, 고구려는 5세기, 신라는 6세기에 전성기를 보낸 것이지. 그리고 나서 7세기 중반, 신라에 의해 삼국이 통일된단다. 그런데 엄밀히 말하면 신라의 전성기는 삼국을 통일하고 나서부터로 볼 수 있어. 이른바 **'신라 중대'**라고 하는 **태종 무열왕** 때부터 **혜공왕**에 이르는 127년간이지.

그러니까 여기서 말하는 전성기는 삼국이 통일되기 전, 각 나라별로 가장 잘나갔던 시기를 말하는 것이라고 이해하면 돼. 그렇다면 신라가 전성기를 이룰 수 있도록 미리 그 바탕을 준비해 둔 왕은 누구일까?

신라의 전성기를 준비한 그 첫 번째 왕은 바로 **제22대 왕**인 **지증왕**이야. 눈치챘는지 모르겠지만, 이때부터는 신라에서도 왕이라는 이름을 사용했어. 혹시 앞에서 신라의 왕을 가리키는 이름이 바뀌는 것은 왕권 강

화를 의미한다고 했던 것 기억해? 이것은 지증왕 때도 마찬가지야. 지증왕 이전에 신라는 '사로', '사라', '신로', '계림' 등 다양한 이름으로 불렸는데, 그가 왕위에 오른 지 4년 만인 **503년**에 나라 이름을 **신라**로 정했어. 또한 '우두머리'라는 뜻의 마립간이라는 이름도 '초월적인 권력자'라는 의미를 담고 있는 **'왕'**으로 바꾸었지. 이는 지증왕 때 있었던 신라의 내부적인 변화와 밀접한 관련이 있단다.

502년, 지증왕은 소를 이용해 농사를 짓는 **우경**을 신라 전역에 보급해. 이는 철제 농기구의 보급과 함께 농업 생산력을 크게 향상시켰지. 이와 동시에 지증왕은 **순장을 금지**했는데, 한창 농업 생산력을 높여야 하는 신라의 입장에서 순장은 중요한 노동력을 없애는 문화였으므로, 이는 어쩌면 당연한 조처였어.

또 지증왕은 **지방 행정 제도**를 정비하는데, 처음으로 지방을 **주·군·현**으로 나누고 지방관을 임명했어. 이에 관해 기록되어 있는 첫 사례는 **이사부** 장군을 실직주(지금의 삼척 지역) 군주로 임명한 것이었지. 이렇게 파견된 이사부 장군은 몇 년 후에 **우산국**, 즉 오늘날의 울릉도를 정벌하였단다.

신라의 전성기를 준비한 왕은 누구? (2)

　신라의 전성기를 준비한 두 번째 왕은 지증왕의 아들인 **법흥왕**이야. 지증왕 때는 왕권 강화와 함께 지방 행정 제도를 비롯한 각종 제도의 정비가 이루어졌어. 하지만 이런 변화가 이후 법흥왕이 나라를 다스리는 과정에까지 철저하게 적용된 건 아니야. 아직은 **6부**의 합의에 따라 나라가 다스려졌고, 새로 만들어진 지방 조직 구석구석까지 왕의 영향력이 미친 것도 아니었으니 말이야. 지방마다 지키는 법과 제도가 조금씩 달랐으니, 어쩌면 당연한 일이었지. 하지만 신라가 힘센 나라가 되려면 강한 권력을 지닌 왕의 통치 아래 온 나라의 힘을 하나로 모아야 할 필요가 있었어. 이를 위해 지방마다 다른 법과 제도를 하나로 통일해야 했는데, 법흥왕이 **율령 반포**를 실행한 것도 바로 이런 관점에서 이해할 수 있단다. 즉, 율령을 반포함으로써 신라에는 하나의 법과 하나의 제도만 존재하게 되었으니 말이야.

　법흥왕 때 눈여겨봐야 할 또 하나의 중요한 사건은 **불교를 공식적으로**

받아들인 일이야. 이 무렵 신라에서는 이와 관련하여 특별한 사건이 일어났는데, 바로 **이차돈**이 자신의 목숨을 바쳐 불교를 받아들이게 한 사건이지. 이차돈은 본래 귀족 출신으로, 당시 왕의 측근이었어. 그런데 왕이 불교를 반대하는 귀족들 때문에 힘들어하자, 이차돈은 분명히 기적이 일어나 귀족들이 불교를 인정하게 될 거라며 자신에게 죄를 물어 목을 베라고 청했어. 왕은 처음에는 반대했지만, 이차돈도 절대 물러서지 않았어. 결국 왕이 이차돈의 목을 베자, 정말 기적처럼 그의 목에서 흰색 피가 흐르고 하늘에서는 꽃비가 내렸다고 해. 이런 놀라운 장면을 목격한 귀족들은 결국 불교를 받아들일 수밖에 없었어. 이렇게 신라에서도 **528년**에 불교를 받아들이게 된단다.

　이로써 신라는 강력한 나라가 될 준비를 끝냈어. 법흥왕은 또한 **532년**에 **금관가야**를 공격해 멸망시켰는데, 강력한 신라의 힘 앞에 금관가야도 더 이상 버틸 수 없었던 거지. 이제 신라의 전성기는 어떻게 펼쳐질까?

신라의 독특한 신분 제도, 골품제

신라에도 여느 고대 국가와 마찬가지로 신분 제도가 있었어. 그런데 신라의 신분 제도는 일반적인 신분 제도와는 좀 달랐단다.

신라의 신분 제도를 '**골품제**'라고 부르는데, 이는 '**골제**'와 '**두품제**'가 합쳐진 제도야. 왕족의 신분인 골제는 **성골**과 **진골**의 두 계급으로 나뉘었는데, 신라 초기에는 성골만 왕이 될 수 있었어. 하지만 중간에 성골이 없어지면서 **태종 무열왕** 때부터는 진골이 왕이 되었단다.

대체로 부모 양쪽이 모두 왕족이면 성골, 한쪽만 왕족이면 진골이 되는 것으로 보지만, 지금까지도 성골의 기준이 무엇인지는 정확하게 알려지지 않았어.

한편 두품제는 진골 아래인 일반 귀족을 대상으로 하는데, 6두품부터 4두품까지 **세 개의 계급**이 존재했어. 3두품에서 1두품까지도 존재했을 거라고 추측하지만, 세월이 흐르면서 평민들과의 구분이 힘들어져 자연스럽게 사라진 것으로 보고 있단다.

그런데 골품제는 모든 신라인에게 적용되는 것이 아닌 **경주에 사는 귀족들**만을 대상으로 한 신분제였어. 그 외의 지역에 사는 사람들은 골품이 없었고, 지방의 힘 있는 사람들은 5두품이나 4두품에 준하는 대우를 받았다고 해.

골품제는 신라 사회를 운영하는 중요한 원리를 제공했어. 신라 사람들은 삶의 거의 모든 부분에서 골품제의 제약을 받았는데, 오를 수 있는 벼슬의 등급이며 집의 크기, 옷의 색깔, 결혼할 수 있는 사람의 범위 등 온갖 것들이 골품제를 통해 규제되었지.

또한 골품제는 태어날 때 결정되는 신분제였어. 골품이 오르거나 떨어지는 경우가 전혀 없었던 건 아니지만, 혈통에 따라 결정된 신분은 거의 변하지 않았단다.

신라의 전성기는 언제일까?

신라는 법흥왕의 뒤를 이은 **제24대 왕**인 **진흥왕** 때 전성기를 맞이해. 진흥왕이 신라의 전성기를 위해 한 일들은 크게 세 가지 정도로 나누어 볼 수 있어. 그중 첫 번째는 **정복 활동**이야. 신라는 진흥왕 때 통일 이전의 최대 영토를 차지했는데, 당시 신라의 영토는 통일 직전 선덕 여왕이나 무열왕 때보다 더 넓었지.

진흥왕은 18세가 되던 해에 동맹을 맺고 있었던 백제의 **성왕**과 함께 고구려를 공격했어. 백제의 목표는 장수왕에게 빼앗긴 한강 유역을 되찾는 데 있었지. 하지만 백제가 알지 못한 것이 있었으니, 그것은 바로 동맹국 신라의 어린 왕이 품은 야망이었어.

진흥왕은 일단 백제와 힘을 합쳐 고구려를 내쫓고 한강 상류 지역을 확보하는 데 성공해. 이때 백제는 한강 하류 지역을 차지했지. 하지만 진흥왕은 **중국**과 **한반도**를 연결하는 동시에 군사적으로 매우 중요한 곳에 위치한 한강 하류 지역을 순순히 백제에 넘겨줄 생각이 없었어.

결국 553년 어느 날, 진흥왕은 나제 동맹(신라와 백제 사이의 동맹)을 깨고 본격적으로 한강 하류 지역을 공격해 점령해 버렸어. 백제의 성왕은 신라에게 뒤통수를 세게 얻어맞고 그다음 해에 빼앗긴 한강 하류를 되찾기 위해 태자에게 관산성을 공격하도록 했지만, 관산성으로 가는 도중 성왕은 신라군에게 붙잡혀 죽고 말아. 결국 관산성 전투에서 패배한 백제는 이를 계기로 멸망의 길을 걷게 된단다.

진흥왕의 정복 활동은 이게 끝이 아니야. 그는 동해안을 따라 올라가 함경남도 함흥 지방까지 진출했고, 562년에는 대가야를 정복하여 가야 지역 대부분을 차지하는 데도 성공하지. 이로써 신라는 고구려와 백제가 경쟁하던 한반도에서 이 두 나라를 뛰어넘는 강국으로 우뚝 서게 된단다.

진흥왕의 두 번째 업적은 불교를 활발히 일어나게 한 일이야. 불교에 대한 믿음이 두터웠던 진흥왕은 신라에서 가장 큰 절인 황룡사를 지었

고, 그 절에 엄청난 크기의 불상을 만들기도 했단다.

이 외에도 진흥왕은 자신이 넓힌 영토를 돌아보며 북한산비, 마운령비, 황초령비 등의 **순수비**를 남겼고, 인재 양성 제도인 **화랑도**를 조직하여 전쟁에 미리 대비하기도 했어.

이렇게 진흥왕은 37년 동안 수많은 업적을 남김으로써 신라를 삼국 가운데 새로운 강자로 만들었고, 삼국 통일의 튼튼한 기초를 놓는 역할을 했단다.

▲ 북한산 진흥왕 순수비

화랑도와 화백 회의

이번에는 골품 제도와 더불어 신라 사회를 움직인 두 제도, 즉 **화랑도**와 **화백 회의**에 대해 알아볼 거야.

우선 화랑도는 앞에서 진흥왕이 인재를 양성하기 위해 만든 제도라고 소개했던 것 기억하지? 어느 날, 진흥왕은 어떻게 하면 나라를 위해 일할 훌륭한 인재를 얻을 수 있을지 고민했어. 그러다 문득 청소년들을 한데 모아 같이 생활하게 하고, 이를 잘 관찰하면 성품과 실력이 훌륭한 사람을 알아볼 수 있을 거라고 생각했지.

화랑도는 귀족의 자녀인 **화랑**과 그를 스스로 따르는 무리인 **낭도**로 구성되는데, 낭도는 학자에 따라 3두품 이하 1두품에 해당하는 평민도 될 수 있었다고 주장해. 또 화랑도는 하나의 집단만 존재한 것이 아니라 많을 때는 일곱 개 이상의 화랑 집단이 동시에 존재하기도 했어.

그러면 화랑도는 무엇을 가르쳤을까? 《삼국사기》에 따르면, 이들은 국토 구석구석을 찾아다니면서 무술과 군사를 지휘하는 법을 익히고, 여

러 방면으로 공부도 하면서 뛰어난 인재가 될 준비를 했다고 해.

한편, 신라의 승려인 **원광법사**는 화랑들이 지켜야 할 다음과 같은 **다섯 개의 계율**을 정해 가르쳤어. 첫째, 임금을 충성으로 섬길 것(사군이충). 둘째, 어버이를 효로써 섬길 것(사친이효). 셋째, 믿음으로 친구를 사귈 것(교우이신). 넷째, 전쟁에서는 물러서지 말 것(임전무퇴). 다섯째, 생물은 가려서 죽일 것(살생유택). 이를 '**세속 5계**'라고 해. 그 결과 《화랑세기》를 쓴 김대문은 "윗사람을 모시는 어진 이와 충신은 이로부터 나왔고, 훌륭한 장수와 용감한 병졸이 이로부터 생겼다"고 화랑도를 평가했어. 실제로 화랑 출신인 **김유신, 관창, 반굴, 김흠순** 등이 모두 삼국 통일에 기여한 인물임을 생각하면, 화랑도는 성공을 거두었다고 볼 수 있단다.

이어서 두 번째로 살펴볼 것은 화백 회의야. 화백 회의는 국가와 관련된 중대한 일에 대해 의견을 나누고 나아갈 방향을 결정하는 신라의 **최고 귀족 회의**지. 이와 비슷한 것으로는 부여나 고구려의 제가 회의, 백제의 정사암 회의가 있어. 참석 대상은 보통 진골 귀족 이상으로 보지만, 시간이 흐르면서 이는 조금씩 달라졌단다.

또 화백 회의는 상대등을 중심으로 회의에 참가한 귀족들이 **만장일치**

를 이뤄야만 의결이 될 수 있었고, 독특하게도 청송산, 우지산, 피전, 금강산 등 신성한 장소로 소문난 네 곳에서만 열렸지.

그렇다면 화백 회의는 언제까지 지속되었을까? 이 제도는 신라 초기의 풍습이 남아 있어서 오래 유지되지 못할 것 같았지만, 놀랍게도 신라가 멸망할 때까지 이어졌단다.

똑똑한 팁 마지막 화백 회의에서는 무엇을 결정했을까?

신라가 멸망하기 직전에 열린 마지막 화백 회의에서는 다름 아닌 고려에 항복할 것인지에 대한 논의가 이루어졌다고 해. 신하들 중에는 항복해야 한다는 사람도 있었고, 항복하면 안 된다는 사람도 있었지. 그렇다면 만장일치라는 화백 회의의 원칙상 고려에 항복을 하면 안 되는 것이었지만, 이때는 처음이자 마지막으로 만장일치의 원칙을 깨고 경순왕이 고려에 항복하는 것으로 결정을 했단다.

못다 이룬 꿈, 가야

가야는 삼국 시대에 한반도 남부에 존재했던 여섯 개의 작은 나라들을 통틀어 가리키는 이름으로, 삼한 시대의 **변한 12개국**이 발전해서 이루어졌어. 가야를 이루는 여섯 개의 나라로는 **금관가야**, **대가야**, **소가야**, **아라가야**, **고령가야**, **성산가야**가 있단다.

초기에는 김해 지역에서 국제 무역을 바탕으로 성장한 금관가야가 가장 두드러진 세력이었어. 게다가 금관가야에서는 질 좋은 철이 생산되었기 때문에 무역항 역할을 하는 동시에 철을 수출할 수도 있었지.

그렇게 금관가야는 6가야의 우두머리로 성장해 나갔어. 그런데 이 과정에서 하나의 문제가 생겼단다. 바로 신라의 존재였지. 금관가야와 신라 모두 부산 쪽으로 영토를 확장하려 했기 때문에, 두 나라는 서로 충돌할 수밖에 없었던 거야.

결국 금관가야는 **왜**와 힘을 합쳐 대규모 군사를 이끌고 신라로 쳐들어갔어. 이에 신라의 왕 **내물 마립간**은 고구려의 **광개토왕**에게 구원을 요청했고, 광개토왕은 망설임 없이 군사 5만여 명을 이끌고 전쟁터에 나가 신라를 구해 주었지. 그런데 이때 고구려의 병사들이 왜군을 쫓아 금관가야의 땅으로까지 쳐들어가는 바람에, 금관가야는 엄청난 피해를 입는단다. 그렇게 점차 세력이 약해진 금관가야는 끝내 국력을 회복하지 못하고 신라 법흥왕 때인 **532년**에 신라에 항복함으로써 490년간 이어 왔던 역사의 막을 내리고 말아.

금관가야에 이어 가야의 새로운 우두머리가 된 **대가야**는 내륙의 풍부한 철광산을 중심으로 점차 발전해 나갔어. 하지만 백제와 신라의 사이에 끼어 이리저리 시달린 탓에 결국 신라 진흥왕의 침략을 받고 **562년**에 멸망하고 말지.

이렇게 가야는 풍부한 철기를 바탕으로 발전했지만, 결국 고대 국가라는 꿈을 이루지 못한 채 역사의 뒤안길로 쓸쓸히 사라진단다.

백제를 다시 강국으로, 무령왕

고구려에게 한성을 빼앗기고 웅진으로 수도를 옮긴 백제는 5년 동안 왕이 세 번 바뀌는 등 극심한 혼란을 겪었어. 하지만 삼근왕의 뒤를 이어 왕위에 오른 **제24대 왕 동성왕**은 한성에서 웅진으로 이동한 기존의 귀족 세력이 아닌, 원래 웅진에 자리 잡고 있던 **새로운 귀족 세력**을 뽑아 쓰면서 정치적 안정을 이룰 수 있었지. 그런데 동성왕은 이후 지나치게 커져버린 새로운 귀족 세력을 억누르다가 암살을 당하고 만단다.

이런 상황에서 왕위에 오른 **제25대 왕 무령왕**은 기존 귀족 세력과 새로운 귀족 세력 간의 균형을 유지하면서 왕권의 안정을 시도했어. 무령왕은 먼저 벼슬자리를 새롭게 뜯어고쳐 **귀족 세력을 통제**하고, 그들이 왕을 중심으로 행동할 수 있도록 만들었어.

한편, 무령왕은 농민들의 삶을 안정시키기 위한 노력도 기울였어. 동성왕과 무령왕 때는 백제에 심각한 자연재해가 일어나곤 했는데, 무령왕은 둑을 쌓아 홍수에 대비하는 등 백성들이 다시 고향으로 돌아와 농사를 지을 수 있도록 해 주었지. 이런 노력 덕분에 백성들로부터 세금도 잘 거둬들일 수 있어서 백제 사회는 다시금 안정을 찾았단다.

이렇게 나라 안에서 안정을 이룬 무령왕은 **영토**를 넓히는 일에도 적극 나섰어. 북쪽으로는 고구려를 공격해서 개로왕 때 빼앗겼던 **한강 유역**을 어느 정도 되찾았고, 동쪽으로는 가야를 공격해 **섬진강 유역**까지 진출하게 된 거야.

또한 무령왕은 중국의 **양나라**와도 사이좋게 지내면서 백제의 국제적 지위를 높이려고 노력했어. 실제로 무령왕은 양나라에 보내는 외교 문서에 "우리 백제가 다시 강국이 되었다"라고 썼는데, 이는 백제에 대한 무령왕의 자신감을 엿볼 수 있는 말이었지. 이렇듯 무령왕은 개로왕 이후 땅에 떨어졌던 백제의 지위와 힘을 되찾아 준 멋진 왕이었단다.

실패한 백제 중흥의 꿈, 성왕과 무왕

무령왕의 뒤를 이어 그의 아들인 **성왕**이 백제의 **제26대 왕**이 되었어. 성왕은 나라를 다스리는 동안 동성왕과 무령왕의 뜻을 이어받아 **왕 중심의 정치 체제**를 굳게 세우기 위해 노력했어. 이에 따라 성왕은 **사비**로 도읍을 옮기는데, 당시 도읍이었던 웅진은 땅이 너무 좁아서 더 넓은 곳으로 옮길 필요도 있었지만, 웅진에서 세력을 키우던 **귀족들의 힘을 흩어지게 함**으로써 왕권을 강화하기 위한 목적도 있었어. 수도를 옮긴다는 것은 정치의 중심이 이동하는 것이기 때문에 기존 귀족들의 힘의 균형에 변화가 생길 수밖에 없거든.

이렇게 성왕은 538년에 사비로 수도를 옮기고 나라 이름도 **남부여**로 바꿨어. 그리고 중앙 관청에 관한 제도와 지방 제도를 제대로 정리하여 중앙의 힘이 지방으로까지 더욱 잘 미치게 했을 뿐 아니라, 지방에 뿌리내리고 있던 기존 세력을 약화시켰단다.

왕권 강화를 위한 정책이 어느 정도 마무리되자, 성왕은 고구려에 빼

앗겼던 **한강 유역**을 되찾기로 마음먹었어. 마침 고구려에서는 반란이 일어나 나라 안이 어지러운 상황이었는데, 이를 기회로 삼은 성왕은 신라와 힘을 합쳐 고구려를 공격했고, 결국 한강 하류 지역을 차지하는 데 성공한단다. 하지만 신라의 배신으로 힘겹게 되찾은 한강 하류 지역을 빼앗긴 성왕은 **554년** 신라와 전쟁을 치르다가 목숨을 잃고 말지. 성왕이 죽고 난 뒤, 귀족들은 기다렸다는 듯 왕권 강화를 위해 이전 왕들이 만들어 둔 정책들을 모두 제자리로 되돌려 놓았단다.

성왕의 뒤를 이어 왕위에 오른 **위덕왕**은 귀족들이 왕권 강화 정책들을 원래대로 되돌리는 것을 지켜볼 수밖에 없었고, 이런 상황에서 백제 **제30대 왕**인 **무왕**이 왕위에 올랐어.

무왕 하면 가장 먼저 떠오르는 것이 있지? 바로 신라 선화 공주와의 사랑을 그린 〈**서동요**〉 이야기야. 그런데 2009년 **미륵사지 석탑**에서 발견된 《금제 사리봉안기》에 따르면, 무왕의 아내는 선화 공주가 아닌 백제 사람인 사택적덕의 딸이었다고 해. 따라서 이제 〈서동요〉 이야기를 곧이

곧대로 믿기는 어려워졌어.

한편, 무왕은 왕권 강화를 위해 자기편 사람들을 뽑아 주요 관직에 앉혔어. 또 이를 위해 중앙 행정 조직을 고치고, **왕흥사**와 **미륵사**를 짓는 등 불교도 적극적으로 이용했지. 특히 익산에 당시 백제에서 가장 큰 절이 었던 미륵사를 지은 것으로 보아, 무왕은 익산으로 한 번 더 도읍을 옮기려 한 것으로 보여.

하지만 무왕의 이런 바람은 끝내 이루어지지 못했어. 그는 원인을 알 수 없는 척추 통증에 시달리다 **641년** 끝내 눈을 감았지. 이제 무왕의 못 다 이룬 꿈은 그의 아들 의자왕이 대신해야만 했어. 과연 의자왕은 백제를 다시 강국으로 만들려 했던 무왕의 꿈을 이룰 수 있었을까?

똑똑한 팁 — 무왕의 뼈가 발견되었다고?

2018년 7월 17일, 가톨릭대 병원에 많은 학자가 모였어. 익산 쌍릉 대왕묘에서 발견된 인골의 정체를 밝히기 위해서였지. 분석 결과, 그 뼈의 주인공은 60대 남성으로, 620년에서 659년 사이에 죽었으며, 골반뼈에 부러졌다가 나은 흔적이 있었고, 말년에는 특발성 뼈과다증으로 극심한 척추 통증을 앓았다는 사실을 밝혀냈어. 그런데 놀라운 점은 무왕이 젊었을 때 말에서 떨어져 뼈가 부러진 적이 있는데, 그 후로 걸을 때 약간 불편해했다고 해. 그리고 생의 마지막 무렵에는 척추 통증으로 고생했다는 기록이 있지. 이 모든 것들을 종합한 결과, 익산 쌍릉의 대왕묘는 무왕의 무덤으로 밝혀졌단다.

수나라의 침공과 을지문덕

백제의 성왕이 죽고 그의 아들 위덕왕이 힘겹게 귀족 세력과 싸우고 있을 무렵, 중국에서는 **수나라**가 남쪽의 진나라를 멸망시키고 중국을 통일했어. 그런데 수나라가 고구려에 계속해서 자기 나라를 떠받들라는 압박을 가하자, 고구려는 결국 **598년**에 요서를 공격함으로써 수나라의 뜻에 따를 마음이 전혀 없음을 분명히 했지.

고구려가 요서를 먼저 공격해 오자 수나라 초대 황제인 **문제**는 크게 화를 냈고, 즉시 30만 군사를 모아 그해 여름 고구려로 쳐들어갔어. 하지만 수나라 군대는 고구려 군대와 전투다운 전투 한 번 해 보지 못하고 자신들의 땅으로 돌아가야 했어. 육군은 홍수와 전염병으로, 해군은 태풍으로 병력의 대부분을 잃고 말았거든.

이후 문제에 이어 왕위에 오른 **양제**는 **612년**에 **100만 대군**을 이끌고 또다시 고구려로 쳐들어왔어. 양제는 이렇게 엄청난 규모의 군대를 이끌고 요수라는 강을 어렵게 건넌 끝에 **요동성**을 포위할 수 있었어. 하지만 요동성이 좀처럼 무너지지 않자, 양제는 한 가지 꾀를 생각해 냈어. 수나라 군사들 대부분은 계획대로 요동성을 공격하고, 나머지 군사들을 빼내어 고구려의 수도인 **평양성**을 공격하게 하는 거였지.

양제는 곧 30만 명 정도 되는 군사를 곧바로 평양성으로 향하게 했어. 고구려의 입장에서는 자칫 잘못하면 큰 위기에 처할 수 있는 상황이었지.

이때 고구려군을 지휘하던 **을지문덕**은 평양성으로 향하는 수나라 군대를 상대할 때, 일시적으로 후퇴하는 척하면서 적이 마음을 놓게 한 후 기습적으로 공격하는 작전을 펼쳤어. 그 결과, 수나라 군대가 평양성 근처에 다다랐을 때 그들은 완전히 지쳐 있었지.

이 기회를 이용하여 거짓으로 항복하는 것처럼 수나라군을 속이고 적진으로 들어간 을지문덕은 수나라 군사들이 먹을 쌀이 부족하다는 정보를 알아내고 돌아왔단다.

한편 수나라 장군은 자신의 군사들이 지금 당장 싸울 수 없는 상황임을 잘 알고 있었기에, 평양에서 30리쯤 떨어진 곳에서 어쩔 수 없이 군대를 돌려 수나라로 돌아가려고 했어.

하지만 고구려 군대는 그때를 노리고 있었어. 수나라 군대가 **살수**에 도착해 강을 절반쯤 건넜을 즈음, 갑자기 고구려 군대가 나타나 이들을 공격하기 시작했고, 수나라 군대는 꼼짝없이 당할 수밖에 없었지. 그날 수나라 군대는 30만 명 중 겨우 2,700명만이 살아서 돌아갔다고 해. 이 전투를 '**살수 대첩**'이라고 한단다.

결국 고구려와의 여러 번에 걸친 전쟁을 비롯하여 대운하와 장성을 만들고 궁궐을 짓는 데 너무 많은 국력을 써 버린 수나라는 나라를 세운 지 40년도 채 안 되어 멸망의 길로 접어들었단다.

삼국 통일의 주역들

신라 **제27대 왕**인 **선덕 여왕**은 우리 역사상 최초의 여왕이야. 아버지인 진평왕이 자신의 뒤를 이을 아들을 낳지 못하고 세상을 뜨는 바람에 왕위에 올랐지. 그런데 신라에만 유일하게 여왕이 있었던 이유는 뭘까? 그건 신라의 독특한 신분 제도인 **골품제** 때문이야. 신라는 골품제에 따라 성골만 왕이 될 수 있었는데, 진평왕이 세상을 떴을 무렵 성골 출신의 남자는 없고 여자만 두 명 남아 있었어. 이들은 **덕만**과 **승만** 공주로, 훗날 각각 선덕 여왕과 진덕 여왕이 되지.

하지만 당시 신라의 모든 사람이 여왕의 탄생을 반겼던 건 아니야. 실제로 선덕 여왕이 왕이 되기 직전 반란이 일어났고, 또한 왕위에 있던 후반에는 반란이 일어난 상태에서 숨을 거두었거

▲ 첨성대

든. 그럼에도 불구하고 선덕 여왕은 왕위에 있는 동안 **김춘추**, **김유신**과 함께 이 모든 어려움을 극복하고 훌륭한 정치를 펼쳐 백성들의 마음을 얻는 것은 물론, 왕권도 안정시킬 수 있었어. 또 이 시기에는 문화도 발전했는데, 대표적인 문화재로는 **황룡사 9층 목탑**과 **첨성대**가 있단다.

선덕 여왕이 나라를 다스리던 당시, 신라의 정치권은 크게 **신흥 귀족 세력**과 **구 귀족 세력**으로 나뉘어 있었어. 신흥 귀족 세력은 선덕 여왕을 지지하고 구 귀족 세력은 선덕 여왕에 반대했는데, 신흥 귀족 세력의 중심인물이 바로 김춘추와 김유신이었지.

김춘추는 선덕 여왕의 동생인 천명 공주의 아들로, 선덕 여왕의 조카였어. 그는 선덕 여왕 집권 말기에 일어난 구 귀족 세력의 반란인 비담의 난을 김유신과 함께 진압했고, **진덕 여왕**을 왕위에 올리면서 권력을 장악하기 시작해. 또 새롭게 백제의 왕이 된 **의자왕**의 공격으로부터 신라를 구하기 위해 당나라와 군사 동맹을 맺는단다. 그 후 진덕 여왕이 죽고 더 이상 왕위에 오를 성골이 남아 있지 않자, 김춘추는 신라 최초로 진골 출신 왕이 되었어. 그가 바로 신라 **제29대 왕**인 **태종 무열왕**이야.

무열왕은 왕이 된 후에도 당나라와의 관계를 잘 유지했고, 마침내 **660년 당나라**와 힘을 합쳐 백제를 멸망시켰어. 삼국 통일이라는 역사적 사건의 첫걸음을 뗀 순간이었지. 하지만 이 모든 일은 아마 그의 오랜 친구인 김유신이 없었다면 이루지 못했을지도 몰라.

김유신은 멸망한 **금관가야**의 **왕족 출신**이었어. 그는 선덕 여왕을 가장 가까이에서 모시는 김춘추와 함께 많은 활약을 펼치면서 자신의 위상을 높여 갔지. 하지만 뭐니 뭐니 해도 김유신이 이룬 가장 큰 업적은 바로 **삼국 통일**이야. 백제를 공격할 때는 직접 군대를 이끌고 전투에 참가했고, 고구려와 싸울 때는 신라의 대장군으로서 전투를 지휘했어. 김유신은 죽은 뒤에도 신라의 수호신으로 사람들의 존경을 받았단다.

23

당나라의 고구려 공격과 연개소문

중국 대륙에서는 수나라가 멸망하고 그 뒤를 이어 **당나라**가 등장했어. 수나라가 멸망하게 된 이유와 그 과정을 모두 지켜본 당나라 초대 황제 **고조**는 어떻게 해서든 고구려와 잘 지내기 위해 노력했지.

하지만 626년, 당나라의 **이세민**이 황제(태종)가 되고 난 후부터 모든 것이 달라지기 시작했어. 당이 고구려에 해서는 안 되는 행위를 거리낌 없이 한 것이지. 대표적인 사건이 631년에 일어난 **경관 훼손 사건**이야. 경관이란 전쟁에서 승리한 것을 기념하기 위해 적군의 시체를 쌓아 만든 기념탑 같은 것으로, 고구려도 당나라와의 국경 근처에 경관을 세워 두었어. 그런데 당나라에서 몰래 이 경관을 무너뜨린 거야.

고구려의 **영류왕**은 이것을 당나라의 선전포고로 받아들이고, 북쪽 부여성에서 시작하여 동남쪽 바다까지 **천리장성**을 쌓게 했어. 이 대규모 작업을 감독하라는 명을 받고 파견된 사람이 바로 **연개소문**이란다.

그런데 당나라에 대한 연개소문과 영류왕의 태도는 정반대였어. 영류왕은 어떻게든 당나라와 잘 지내 보려고 노력했지만, 연개소문은 당나라와의 전쟁은 피할 수 없는 것이라 생각했거든. 국가 정치의 최고 책임자인 두 사람의 당나라에 대한 태도가 이렇게 달랐으니 서로 부딪힐 수밖에 없었겠지? 결국 영류왕은 연개소문을 제거하기로 결심했어.

하지만 연개소문은 자신을 죽이려는 왕의 계획을 이미 알고 있었어. 어느 날, 연개소문은 미리 계획을 짠 뒤 군대 사열식을 한다는 핑계로 조정의 대신들을 초대해 잔치를 벌였고, 그 자리에 모인 대신들을 모조리 죽여 버렸어. 심지어 연개소문은 즉시 궁궐로 달려가 영류왕을 죽이고, 영류왕의 조카 **보장왕**을 왕위에 앉힌 뒤 자신은 스스로 **대막리지**가 되어 권력을 장악한단다.

644년, 당 태종 이세민은 연개소문이 영류왕을 죽인 것을 구실 삼아 대군을 이끌고 고구려로 쳐들어왔어. 당나라 군대는 요하와 가까운 곳에 있

던 요동성과 백암성, 개모성 등을 점령하고 다음 목표인 **안시성**으로 향했지. 고구려 조정에서는 급하게 군사 15만 명 정도를 모아 안시성으로 보냈지만, 안시성 부근에서 당나라 군대를 만나 크게 패하고 말아. 이제 안시성의 운명은 온전히 안시성 안에 있는 사람들의 손에 달려 있었지.

당나라군은 안시성을 완전히 에워싸고 매일 6, 7회의 공격을 퍼부었지만, 안시성은 쉽게 무너지지 않았어. 이렇게 안시성이 당나라 대군의 공격에도 석 달 넘게 버텨 낼 수 있었던 건, 이름이 알려지지 않은 안시성주와 백성들이 한마음 한뜻으로 성을 지켜 낸 덕분이었지.

결국 **645년 9월** 어느 날, 날씨가 점점 추워지기 시작하자 당 태종은 군대를 물려야 할 때임을 깨닫고 조용히 당나라로 돌아갔단다.

의자왕, 신라를 공격하다

　무왕이 병으로 죽은 후 그의 맏아들이 뒤를 이어 왕위에 오르는데, 그가 바로 백제의 마지막 왕인 **의자왕**이야. 의자왕 하면 **삼천 궁녀**가 가장 먼저 떠오르면서 행실이 좋지 않은 왕이라는 느낌이 들지만, 의자왕이 처음부터 그랬던 건 아니었어. 《삼국사기》에는 의자왕에 대해 '용감하고 대담하며 결단성이 있었다. (중략) 부모에게 효도하고, 형제 간에 우애가 있어서 해동증자라고 불리었다'라고 기록되어 있을 만큼 그를 매우 칭찬하고 있지. '증자'는 공자의 제자로, 공자가 죽은 뒤 유교 발전에 큰 영향을 끼친 사람이니까 '해동증자'라는 말이 왜 칭찬인지 이해가 되지?

　실제로 의자왕은 집권 초기에 이러한 칭찬이 부끄럽지 않을 만큼 뛰어난 정치 활동을 펼쳤단다. 아버지인 무왕이 백제의 국력을 꽤 회복시켜 놓았던 덕에, 의자왕은 집권 초기에 아버지보다 더 강력한 왕권을 바탕으로 나라를 다스릴 수 있었던 것으로 보여.

　의자왕의 집권 초기에 눈여겨보아야 할 점은 바로 **신라에 대한 공격**이라고 할 수 있어. 의자왕은 642년에 신라의 미후성 등 40여 개의 성을 빼앗았고, 대야성을 공격하여 성주 김품석과 그의 아내인 **고타소**를 죽였어. 이듬해에는 고구려와 힘을 합쳐 한강 하류로 가는 길목에 위치한 당항성을 공격했고, 그로부터 2년 후에는 다시 신라의 성 일곱 개를 빼앗았단다.

이러한 상황에서 신라의 외교는 고구려와 백제의 동맹에 맞설 수 있는 **당나라**로 향할 수밖에 없었어. 특히 대야성에서 죽은 고타소는 훗날 신라의 무열왕이 되는 **김춘추의 딸**이었는데, 이는 김춘추가 백제에 개인적인 원한을 품는 계기가 된단다. 김춘추로서는 딸의 원수를 갚기 위해서라도 당나라와의 동맹을 기필코 성사시킬 필요가 있었을 거야. 이렇게 7세기 중반의 한반도는 고구려-백제 연합과 신라-당나라 연합의 대립 구도가 명확해지고 있었어.

황산벌 전투와 계백 그리고 백제의 멸망

649년 7월, 당 태종은 결국 고구려 정복의 꿈을 이루지 못하고 세상을 떠났어. 그는 죽기 전 후손들에게 '고구려에 다시는 쳐들어가지 말라'는 유언을 남겼다고 해.

하지만 태종의 뒤를 이은 **고종**은 아버지의 유언을 지킬 마음이 전혀 없었던 듯해. 고구려의 힘을 빼놓기 위해 여러 차례 작은 충돌을 일으켰거든. 이렇게 당나라가 고구려를 침략할 기회를 엿보고 있을 때, 신라는 계속해서 당에 사신을 보내 백제와 고구려를 혼내 줄 군대를 보내 달라고 부탁했어.

한편, 당시 백제에서는 중대한 변화가 일어나고 있었어. 의자왕이 점점 잘못된 길로 빠지기 시작한 거야. 앞에서 의자왕이 집권 초기에는 나라를 잘 다스렸다고 했던 것 기억하지? 하지만 백제가 신라와의 전쟁에서 승리를 이어 가자 의자왕은 점점 변해 갔어. 그는 나라를 다스리는 일에 소홀해지더니 노는 것에만 집중했지. 급기야 옆에서 바른말을 하는 신하들을 감옥에 가두거나 죽이기까지 했단다.

이런 백제의 사정은 신라에 의해 당나라에도 알려진 것으로 보여. 그리하여 **660년**, 기회를 노리던 당나라는 마침내 **소정방**으로 하여금 13만 명의 군사를 이끌고 백제로 쳐들어가게 했어. 한편 신라에서도 **김유신**이 5만 명의 용맹한 군사들과 함께 백제를 향해 달려오고 있었지.

갑작스럽게 **나당 연합군**이 쳐들어온다는 소식을 들은 의자왕은 왕인 자신에게 옳고 그름을 솔직히 말한 죄로 귀양 보낸 **흥수**라는 신하에게 사람을 보내 대책을 물어봤어. 이에 흥수는 바다로 오는 당나라 군대는 백강에서 막고, 육지로 오는 신라 군대는 탄현에서 막아야 한다고 말했지. 하지만 의자왕의 곁에 있던 간신들은 흥수의 말을 듣지 말 것을 주장했고, 안타깝게도 의자왕은 간신들의 말을 따르고 말았단다.

결국 김유신이 이끄는 신라군이 탄현을 넘어 **황산벌**에 이르자, 백제의 계백은 결사단 5,000명으로 이에 맞섰어. 백제의 병사 수는 신라의 10분의 1에 불과했지만, 네 번의 전투를 치르는 동안에도 결코 밀리지 않았지. 그러다 **반굴**과 **관창**의 희생으로 사기가 높아진 신라군은 다섯 번째 전투 만에 백제군을 전멸시키고 당나라 군대와 합류할 수 있었단다.

이후 백제군은 죽기 살기로 저항했지만 전세를 바꾸기엔 무리였어. 마침내 **660년** 음력 7월 18일, 웅진성에서 반격을 준비하던 의자왕은 나당 연합군에 항복했고, 이로써 백제는 678년 만에 멸망하고 만단다.

고구려의 분열과 멸망

660년, 신라를 도와 백제를 정복한 당나라는 그 이듬해인 **661년**에 **고구려**로 쳐들어왔어. 이때 당나라 군대는 두 갈래로 나뉘어 고구려를 공격했는데, 한쪽은 바닷길을 통해 평양을 직접 공격했고, 다른 한쪽은 압록강 쪽으로 돌아와 공격했지. 평양성 공격을 이끈 **소정방**은 1년 전 백제를 쳤을 때처럼 쉽게 정복할 수 있을 거라 기대했어. 하지만 고구려는 백제와 근본적으로 달랐지.

결국 소정방이 이끄는 부대는 평양성 근처에서 발이 묶인 채 신라가 구원하러 오기만을 기다려야 하는 처지가 되었어. 한편 압록강을 건너 나아간 군대는 순조롭게 전투를 펼치고 있었는데, 갑자기 북방 민족의 반란이 일어나면서 당나라는 이를 해결하기 위해 군대를 물려야 했단다. 그 결과, 다른 부대들도 황급히 군사들을 물리면서 고구려와 당나라의 두 번째 전쟁도 흐지부지 끝나고 말아.

당나라와의 전쟁이 끝나고 4년 뒤인 665년, 자신의 권력으로 당나라

를 막아 내고 있던 **연개소문**이 숨을 거뒀어. 그리하여 대막리지 자리는 연개소문의 큰아들인 **남생**이 물려받았지. 대막리지가 되고 얼마 후, 남생은 지방을 둘러보기 위해 평양성을 비웠어. 그런데 그의 두 동생인 **남건**과 **남산**이 이때를 노려 반란을 일으킨단다.

동생들을 이길 수 없다고 판단한 남생은 자신의 세력이 있던 국내성으로 가서 저항을 계속했지만, 그곳에서도 상황이 여의치 않자 결국 당나라로 도망쳐 버렸어. 어떻게 하면 고구려를 멸망시킬 수 있을지를 고민하던 당나라는 남생이 그들에게 도망쳐 오자 매우 기뻐했지. 당나라는 곧바로 전쟁 준비에 들어갔고, **666년 12월** 남생을 길잡이로 세워 다시 고구려로 쳐들어온단다.

당나라의 첫 목표는 북쪽에 있는 **신성**이었어. 그들은 신성을 고구려의 방어선 중 가장 중요한 곳으로 본 거야. 신성의 고구려군은 당나라 군대의 공격을 잘 막아 냈어. 당시 신성에서의 전투가 667년 9월까지 계속된 것으로 볼 때, 신성은 당나라를 상대로 6개월 이상 버틴 셈이지. 하지만 오랜 시간 계속된 전투는 결국 내부 분열을 일으켰고, 성주의 부하들이 성주를 강제로 묶고 성문을 열면서 신성은 어이없이 무너져 버리고 말았단다. 신성을 손에 넣은 당나라 군대는 곧바로 평양성 쪽으로 내려가지 않고 오히려 북쪽으로 올라가 **부여성**을 공격함으로써 가장 북쪽에 위치한 중심지를 완전히 손에 넣을 수 있었어.

결국 당나라는 압록강 방어선을 뚫고 평양을 공격했어. 마침 신라군도 북상해서 당나라와 힘을 합쳐 평양성을 에워쌌지. 고구려군은 열심히 싸웠지만 이미 승리의 기운은 당나라로 향해 있었어. 마침내 **668년 9월**, 평양성이 함락되면서 고구려도 멸망의 길로 접어들었단다.

고구려의 문화유산

고구려의 문화유산에는 어떤 것들이 있을까? 여러 가지 종류가 있겠지만, 여기에서는 특별히 고구려의 불교문화를 살펴볼 수 있는 특별한 **불상**과 고구려인의 일상생활을 짐작케 해 주는 **고분 벽화**에 대해 살펴볼 거야. 그럼 먼저 고구려의 불상에 대해 알아보도록 하자.

금동 연가 7년명 여래 입상은 우리나라 국보 제119호로, 고구려를 대표하는 불상 중 하나야. 1963년 경상남도 의령에서 발견된 높이 16.2센티미터의 아주 작은 불상인데, 청동으로 모양을 만들고 표면에 금을 씌운 방식으로 제작되었어. 뒷면에 '연가 7년'이라는 연호가 새겨져 있는데, 연가는 고구려 제23대 왕인 안원왕이 쓰던 연호로 이 불상이 고구려에서 만든 것임을 알 수 있게 하지. 또한 이 불상은 뒷면에 새겨진 글을 통해 평양의 '동사'라는 절의 승려를 포함한 40명이 세상에 널리 퍼뜨리고자 만든 1,000개의 불상 중 29번째 불상이라는 사실도 알 수 있단다. 이렇게 고구려의 불상은 온 나라가 부처님의 나라가 되기를 바란 고구려 사람들의 마음을 잘 보여 주고 있어.

그렇다면 고구려 사람들이 만든 고분 벽화는 그들에 대해 무얼 말해 주고 있을까? 고구려의 대표적인 고분 벽화로는 현재 북한의 황해남도 안악군에 위치한 무덤인 **안악 3호분**의 동쪽 방 그림을 들 수 있어. 357년에 만들어진 것으로 추측하는데, 벽화의 보존 상태가 좋아서 무용총과 함께 고구려 무덤 중 가장 유명한 벽화 무덤으로 꼽히지. 이 무덤에는 동쪽과 서쪽으로 방이 각각 하나씩 덧붙여져 있는데, 특히 동쪽 방의 가장 넓은 벽에는 하인들이 열심히 끼니 준비를 하는 주방과 고기를 보관하는 육고, 수레를 보관하는 차고 등이 상세하게 묘사되어 있어서, 당시의 집 구조와 생활상에 대한 귀중한 자료를 제공해 준단다.

▲ 금동 연가 7년명 여래 입상

안악 3호분과 함께 고분 벽화로 유명한 또 하나의 무덤이 바로 **무용총**이야. 무용총은 벽화의 일부에 무용하는 사람들을 그린 〈무용도〉가 있어서 붙은 이름이지. 무용총 안에는 〈접객도〉와 〈수렵도〉도 있어. 〈접객도〉는 무용총 입구에서 보았을 때 정면 벽에 그려져 있는데, 이 무덤의 주인으로 보이는 사람이 손님을 맞이하고 있는 모습을 볼 수 있지. 그런데 이 그림의 특징은 주인과 손님은 크게, 시중을 드는 하인들은 작게 그렸다는

▲ 무용총 〈접객도〉

점인데, **신분의 차이를 그림의 크기로 나타낸 것**으로 보여. 따라서 이 그림을 통해 고구려가 **신분제 사회**였음을 알 수 있단다. 또 무용총의 왼쪽 벽에 그려진 〈수렵도〉를 통해서는 씩씩하고 강인한 고구려의 기상을 엿볼 수 있어. 특히 말 위에서 뒤를 돌아보며 활을 쏘는 장면은 고구려 사람들이 얼마나 말을 잘 탔는지를 느낄 수 있게 해 주는 부분이야.

이렇듯 고구려의 고분 벽화는 당시의 생활상과 문화를 잘 보여 주는 중요한 문화유산이란다.

▲ 무용총 〈수렵도〉

백제의 문화유산

백제는 문화의 수준이 아주 높았던 것으로 알려져 있어. 지금부터 소개할 문화재를 자세히 살펴보면 이 말을 바로 이해할 수 있을 거야.

처음 소개할 것은 **금동대향로**야. 위덕왕이 신라군에게 잡혀 죽임을 당한 아버지 성왕을 기리기 위해 만든 절인 **능사 터**에서 1993년에 발굴되

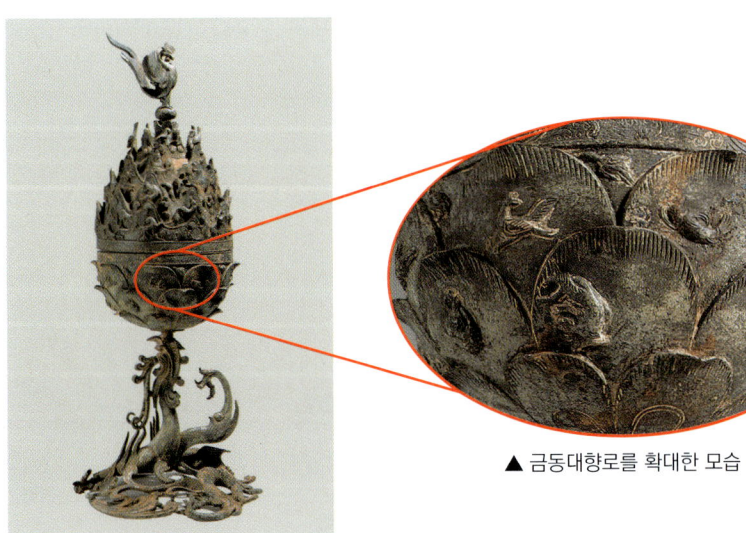

▲ 금동대향로　　　　　▲ 금동대향로를 확대한 모습

었어. 몸체는 연꽃의 봉우리를, 뚜껑은 신선이 산다는 박산을 형상화했지. 향로의 받침대는 용이 연꽃을 물고 있는 모습이야. 뚜껑에는 총 스물세 개의 봉우리가 있는데, 열여섯 명의 사람과 서른아홉 마리의 동물이 새겨져 있어. 백제 시대의 **창의성**과 **금속 공예 기술**을 잘 보여 주는 최고의 걸작품이란다.

두 번째는 **미륵사지 석탑**이야. 미륵사지 석탑은 무왕이 지었다는 미륵사에 있던 탑이지. 원래 미륵사의 절터에는 절반 정도 무너진 석탑만 남아 있었는데, 지금은 석탑을 완전한 상태로 복원했어. 이 탑은 규모가 엄청날 뿐만 아니라 지금까지 남아 있는 탑 중 가장 오래된 것으로 보이며, 독특하게도 **목탑 양식으로 만든 석탑**이라서 그 가치가 매우 크단다.

▲ 복원 전의 미륵사지 석탑

▲ 복원 후의 미륵사지 석탑

세 번째는 **무령왕릉**이야. 무령왕릉은 이름 그대로 무령왕의 무덤인데, 1971년 7월 5일 충청남도 공주시에서 주변에 있던 다른 고분(무덤)을 공사하던 중 발견되었어. 그런데 무령왕릉의 입구에서 이곳에 묻힌 사람과 묻힌 날 등이 적힌 지석이 발견됨으로써, 삼국 시대의 무덤 가운데 **그 주인이 누구인지 확실히 밝혀진 최초의 무덤**이 되었단다. 무령왕릉의 또 다른 특징은 우리나라에 몇 개 없는 **벽돌무덤**이라는 것과 중국의 화폐와 도자기, 일본산 소나무로 만든 관이 발견되었다는 점이야. 이는 당시 백제가 주변 나라와 얼마나 활발하게 교류했는지 알려 주는 증거이지. 무령왕릉에서 발견된 금제 관식, 금귀걸이, 금동 신발, 나무 베개 등은 백제 문화의 화려함과 우수한 공예 기술을 뚜렷이 보여 주고 있단다.

▲ 무령왕릉 내부

신라의 문화유산

　신라는 예로부터 '황금의 나라'라고 불렸어. 하지만 신라 시대의 유물이 많이 알려지지 않았을 때는 왜 신라를 황금의 나라라고 부르는지 이해하지 못했지. 그러다 신라 시대 사람들이 만든 가장 큰 무덤인 **황남대총**을 발굴하기 전, 시험 삼아 **천마총**을 발굴한 이후 그 말의 뜻을 조금은 이해할 수 있었단다. 천마총은 황남대총에 비하면 크기가 작았지만, 막상 발굴해 보니 그 안에서 금관과 금으로 만든 각종 유물이 쏟아져 나왔

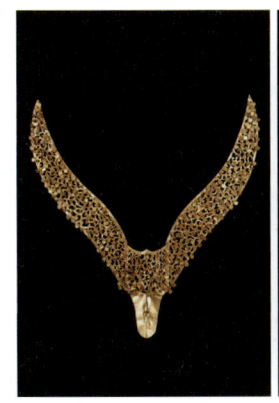

▲ 천마총 금제 관식

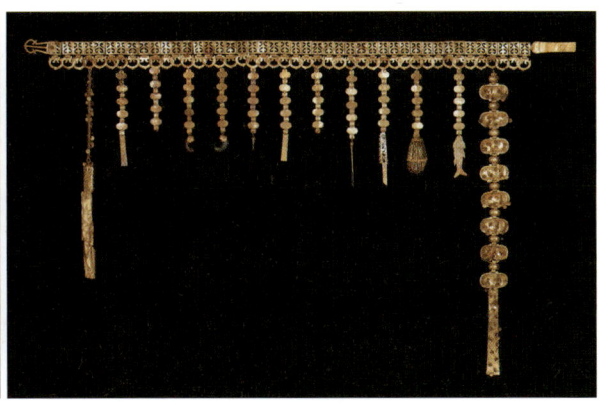

▲ 천마총 금제 허리띠

어. 이때 〈천마도〉라는 그림도 함께 발굴되었는데, 천마총이라는 이름은 바로 이 그림의 이름에서 따온 것이란다.

지금껏 발굴된 신라의 유물 중에는 **금관**도 꽤 많은 편이야. 전 세계를 통틀어 유물로 발견된 금관은 모두 열네 점밖에 안 되는데, 그중 여섯 점이 신라의 금관이지. 얇게 편 금을 길이에 맞게 잘라서 만든 금관은 머리에 고정하는 테 위에 나뭇가지 모양과 사슴뿔 모양의 판을 세우고, 그곳에 굽은 옥과 금판을 달아 꾸몄어. 그리고 아래쪽에는 긴 드리개를 달았단다.

▲ 황남대총 북분 금관　　▲ 금관총 금관

▲ 금령총 금관　　▲ 서봉총 금관

142

금관은 신라의 국력이 최고조에 달했던 삼국 통일 이후에 만들어졌을 것 같지만, 실제로는 5세기 **마립간** 시기부터 만들어졌어. 오히려 6세기 중반이 되면서 이런 금관은 거의 만들어지지 않았지. 어때, 금관을 만들어 써서라도 자신의 권위를 높이고 싶었던 마립간들의 눈물겨운 노력이 느껴지는 것 같지 않아?

신라에서는 금관 외에도 금을 이용한 여러 가지 다른 물건들을 만들었어. 아래 사진들을 보면 신라 시대의 **금공예 기술 수준**이 얼마나 발달했었는지 알 수 있을 거야.

▲ 부부총 금귀걸이 ▲ 천마총 금제 관모 ▲ 노서동 고분 금목걸이

▲ 금관총 금제 허리띠 ▲ 황남대총 북분 금제 굽다리 접시 ▲ 노서동 금팔찌

143

가야의 문화유산

가야는 비록 고대 국가로 발전하지는 못했지만, 500년이 넘는 역사를 이어 오면서 여러 가지 **문화유산**을 남겼어.

우선 가야 하면 **철**을 빼놓을 수 없겠지? 가야는 '철의 나라'라는 이름에 걸맞게 지금까지 철로 만든 여러 가지 유물들이 발견되었어. 그중 가장 대표적인 것은 바로 철정, 즉 **덩이쇠**야. 이 덩이쇠는 수출하기도 했지만, 그 당시 대장간에 가져가면 뭐든 곧바로 만들 수 있었기 때문에 돈을 대신하여 사용할 수도 있었어. 그 외에도 가야에서 사용되었던 철 갑옷이

▲ 덩이쇠

▲ 철 갑옷

나 말 갑옷, 칼 같은 유물들이 발견되었지.

가야는 철의 나라일 뿐 아니라 토기의 나라이기도 해. 가야에 속해 있던 각 나라는 저마다 독특한 모양의 토기를 만들었는데, 대표적인 토기로는 함안 말이산 고분군에서 발견된 집 모양 토기, 사슴 모양 토기, 배 모양 토기 등이 있어.

당시 가야 사람들은 철을 다룰 줄 알았기 때문에 섭씨 1,000도가 넘는 온도를 낼 수 있었을 것으로 예상돼. 토기는 높은 온도에서 구울수록 단단해지는데, 가야의 토기는 섭씨 1,000도 이상에서 구워진 매우 단단한 토기란다. 그리고 이렇게 뛰어난 토기 제작 기술은 일본에까지 전해져 큰 영향을 끼쳤지.

▲ 집 모양 토기

▲ 사슴 모양 토기

▲ 배 모양 토기

▲ 수레바퀴 모양 토기

 **670~676년** 나당 전쟁.

 **698년** 대조영, 발해 건국.

 **751~774년** 불국사 건립.

 **818년**
발해 선왕 즉위(발해의 전성기).

 **780년**
신라 선덕왕 즉위(신라 하대 시작).

 **828년**
장보고, 청해진 설치.

 **892년** 견훤, 후백제 건국.

 **918년** 왕건, 고려 건국.

5장
남북국 시대

668년 ~ 936년

 926년 발해 멸망. 935년 신라 멸망. 936년 고려, 후삼국 통일.

1

신라와 당나라가 싸웠다고?

마침내 신라는 당나라의 힘을 빌려 삼국을 통일했어. 그런데 당나라는 백제와 고구려를 무너뜨리고 나면 평양 남쪽의 고구려 땅과 백제 땅을 신라에 주겠다고 약속했음에도 불구하고, 이 지역에 당나라의 행정 구역을 설치하여 모두 자기 땅으로 삼으려 했어. 심지어 신라 땅까지 넘보며 한반도 전체를 집어삼키려 했지. 이를 가만히 두고 볼 수 없었던 신라는 당나라와 싸우기로 결심했어.

670년, 신라는 먼저 요동의 오골성을 공격함으로써 나당 전쟁의 시작을 알렸어. 그러고는 재빨리 백제의 옛 땅으로 쳐들어가 일부 지역을 차지했지. 요동으로 적의 시선을 끈 다음, 백제 땅을 차지하는 전략을 세운 거야. 당나라도 이에 질세라 군사 4만 명을 평양으로 보냈어. 이후 신라는 한강 하류를 지키기 위해, 당나라는 한강 하류를 빼앗기 위해 두 나라는 임진강을 경계로 서로 맞서야 했단다.

이런 상황에서 675년, 전략적으로 매우 중요한 곳이었던 매소성에서 전투가 벌어졌어. 매소성 전투는 당나라 군대의 규모(《삼국사기》에는 20만 명으로 기록됨)나 그 위치를 고려할 때 나당 전쟁에서 가장 중요한 전투였지. 이 전투에서 신라가 이김으로써 나당 전쟁의 승리를 위한 유리한 발판을 마련할 수 있었단다.

이 즈음 당나라는 **토번(티베트족)**과도 전쟁을 하고 있었어. 당나라의 입장에서는 신라와의 전투보다 토번의 군사적 위협이 더욱 심각한 문제였기에, 신라와의 전투에만 신경 쓸 수는 없었지. 결국 당나라는 한반도에서 군대를 물리기로 결정하고, 금강 하구에 있는 **기벌포**로 향했어. **676년**, 기벌포에서 신라와 당나라는 크고 작은 스물두 번의 전투를 벌였고, 그 결과 신라가 당나라 병사 4,000여 명의 목을 베어 승리를 거둔단다. 이로써 당나라는 한반도에서 완전히 물러날 수밖에 없었지. 신라는 나당 전쟁에서 승리함으로써 한반도를 집어삼키려는 당나라의 야망을 꺾을 수 있었어.

2

삼국 통일의 의의와 한계

신라가 이룩한 삼국 통일은 역사적으로 어떤 의의를 가질까?

먼저 삼국 통일의 의의는 **최초로 통일된 국가를 건설**했다는 데 있어. 지금도 한 나라 안에 존재하는 여러 민족이 서로 갈등을 빚거나, 소속된 나라를 자신들의 나라로 인정하지 않아 문제가 되는 경우를 종종 볼 수 있거든.

사실 우리도 처음에는 예족, 맥족 그리고 한족 등 여러 민족으로 나뉘어 있었어. 그런데 신라에 의해 비교적 이른 시기에 하나의 국가로 통일되어 1,000년이 넘는 세월을 지내 온 덕에 이제는 단일 민족이라고 주장할 수 있게 된 거란다.

만약 신라가 삼국을 늦게 통일했다거나 아예 통일시키지 못했다면 지금쯤 한반도가 어떻게 되었을지는 아무도 모를 거야. 바로 이런 점에서 신라의 삼국 통일은 굉장히 의미 있는 일이지.

하지만 신라의 삼국 통일에는 칭찬받을 점만 있는 건 아니야. 분명 비판받을 만한 면도 있어. 그것은 바로 스스로의 힘에 의한 통일이 아닌, **남의 힘을 빌려 이룬 통일**이었다는 점이야. 물론 삼국 중 가장 힘이 약했던 신라가 뛰어난 외교 능력을 발휘해 삼국 통일까지 이룬 것은 대단한 일이기는 해. 하지만 **당나라**의 도움이 없었다면 당시 신라가 삼국을 통일하기는 어려웠을 거야. 그렇게 다른 나라의 힘을 빌림으로써 고구려의 영토 대부분을 잃게 된 것 또한 적지 않은 손해였지. 삼국 통일 이후 한반도를 통일한 나라가 만주 지역을 되찾은 적이 없었다는 점을 생각하면 더욱더 말이야.

3

통일 후 나라의 기초를 놓은 신문왕

통일 후, 신라의 영토와 인구는 약 세 배가량 늘어났어. 이렇게 늘어난 영토와 인구를 잘 다스리려면 통일 전과는 완전히 다른 제도들이 필요하지. 다행히 신라에는 이런 제도를 만들 줄 아는 지도자가 있었는데, 바로 **제31대 왕 신문왕**이야.

신문왕은 신라가 삼국을 통일한 이후 당나라와의 전쟁을 승리로 이끈 **문무왕의 아들**이야. 앞에서 무열왕이 최초의 진골 출신 왕이었다고 설명했던 것 기억하지? 당시 신라의 높은 관직은 전부 진골 출신들이 장악하고 있었는데, 그들은 조금만 노력하면 자신들도 왕이 될 수 있을 거라 생각했어. 따라서 왕이 진골 출신 관리들을 강력한 힘으로 다루지 않으면 그들은 언제라도 왕권에 도전할 수 있는 상황이었지.

그런데 신문왕이 왕이 되고 얼마 안 있어 정말로 이런 일이 일어나고 말아. 신문왕의 장인이자, 삼국을 통일하는 과정에서 많은 공을 세운 **김흠돌**이라는 사람이 반란을 일으킨 거야. 신문왕은 김흠돌의 반란을 해결한 후 왕권을 위협하는 진골 세력을 잔인할 정도로 제거하는데, 반란에 참여한 사람을 모두 죽였는가 하면 왕비마저 쫓아냈지.

그 뒤 신문왕은 진골 세력에 힘을 실어 주던 녹읍을 폐지하고, 직급에 따라 1년마다 쌀을 지급받는 녹봉으로 바꾸었어. 녹읍은 관리에게 급료로 지급하는 땅을 말하는데, 그 땅에 대한 소유권을 주는 것은 아니었지만 토지세를 거둘 수도, 그 땅에 사는 사람들에게 일을 시킬 수도 있었어. 따라서 신문왕은 진골 귀족들이 권세를 누릴 수 있는 바탕이 된 녹읍을 폐지하고, 그 대신에 봉급을 주는 방식으로 바꾸려 한 거야. 김흠돌의 난 이후 진골 귀족들의 세력이 약해져 있었기에 이런 신문왕의 개혁은 성공을 거두었고, 그 결과 진골 귀족들의 힘을 잘 누를 수 있었단다.

또 신문왕은 재위 7년인 687년에 넓어진 영토를 효율적으로 다스리기 위해 지방 행정 구역을 정비했어. 이때 최종적으로 지방 행정 구역이 9주 5소경 체제로 정비된단다.

4

대조영, 발해를 세우다

신라와 손잡고 고구려를 멸망시킨 당나라는 고구려인들이 뜻을 합쳐 다시 나라를 일으켜 세우지 못하도록 당나라로 20만 명이 넘는 고구려 유민을 잡아갔어. 당나라로 끌려간 유민들은 요서의 영주 지역, 화이허 강 유역의 황무지와 상류 지역 등에 정착했지.

요서의 영주 지역은 당나라가 동쪽 지역에 사는 민족들을 막기 위해 군사 작전을 펼치는 기지와도 같은 곳이었어. 그래서 당시 영주에는 당나라에 끌려온 **거란족, 말갈족, 고구려 유민들**이 뒤섞여 살고 있었고, 이들은 모두 당나라를 미워하는 마음을 품고 있었지. 그런데 영주를 다스리던 욕심 많은 당나라 관리가 백성들의 재산을 빼앗는 등 나쁜 짓을 저질렀어. 그러자 이를 참다못한 거란족의 추장 이진충이 반란을 일으켜 당나라 관리를 죽이고 영주성을 점령하는 사건이 벌어졌지.

이렇게 반란으로 혼란해진 틈을 타 **대조영의 아버지 걸걸중상**은 **말갈족의 추장 걸사비우**와 함께 각기 자신을 따르는 백성들을 이끌고 영주성

을 탈출해 요동에 자리를 잡았단다.

당나라에서는 이 사실을 알고 병사들을 보내 이들을 다시 잡아 오려고 했어. 먼저 걸사비우와 말갈족이 당나라 군대와 맞서 싸웠지만 크게 패했고, 이때 걸사비우는 전사하고 만단다.

결국 걸걸중상은 살아남은 말갈족 사람들과 고구려 유민들을 이끌고 당나라의 힘이 미치지 않는 동쪽으로 계속 옮겨 가야만 했어. 그런데 이 과정에서 걸걸중상은 병에 걸려 죽고 말지. 이제 남은 이들을 이끌 사람은 단 한 명뿐이었어. 바로 걸걸중상의 아들 **대조영**이야. 사람들을 이끌고 동쪽으로 이동하던 대조영은 어느덧 천문령에 다다랐고, 그곳에서 당나라 군대를 기다렸다가 공격하기로 결정했어. 결과는 대성공이었지. 고구려의 장수 출신답게 대조영은 천문령에서 당나라 군대를 크게 물리치고 자신을 따르던 유민들과 함께 계속 동쪽으로 갔어. 그리고 **698년**, **동모산**에 나라를 세우고 이름을 '**대진국**'이라고 정했지. 이 대진국이 나중에 우리가 잘 아는 '**발해**'로 불리게 된단다.

이렇게 건국된 발해는 처음에는 당나라와 사이가 좋지 않았어. 또 대조영의 뒤를 이은 **무왕**은 주변의 여러 부족을 정복했는데, 당나라뿐만 아니라 남쪽에 있던 신라와도 날카롭게 대립했지. 하지만 이런 대립의 시기는 오래가지 않았어. 그 당시 당나라는 발해 말고도 신경 써야 할 문제들이 많았고, 발해는 건국한 지 얼마 안 되어 내부를 정돈할 시간이 필요했으며, 신라도 통일 후에 새로 얻은 땅을 관리하느라 바빴거든. 그렇게 동아시아에 한동안 평화로운 시기가 찾아오는데, 당나라와 통일 신라, 발해의 문화가 꽃피는 시기가 바로 이 무렵이란다.

5

왕권이 약해지다

신문왕이 즉위 초기에 있었던 반란 사건을 계기로 진골 귀족 세력을 억누르자, 귀족들의 힘은 많이 약해졌어. 그렇다면 그 뒤로도 왕이 강한 힘을 유지하며 안정적으로 신라를 다스릴 수 있었을까? 역사는 그렇지 않았다는 걸 우리에게 분명히 보여 주고 있어. 신문왕의 뒤를 이은 효소왕부터 혜공왕에 이르기까지 왕권은 강할 때도, 약할 때도 있었지만, 혜공왕이 집권한 후부터 왕권은 거의 회복이 불가능할 만큼 약해지거든.

효소왕은 신문왕의 아들이기는 했지만, 너무 어린 나이에 왕이 되었기에 어머니인 **신목 왕후**가 대신 나랏일을 돌봐야 했어. 이렇게 자신을 지지해 주는 세력이 약하다 보니 효소왕 때의 왕권 또한 약할 수밖에 없었고, 결국 이들에 대항하는 귀족들의 움직임이 본격적으로 나타나기 시작한단다.

그렇다고 효소왕이 당하고만 있었던 건 아니야. 그는 왕권을 다시 강화하기 위한 기회를 노리고 있었는데, 그건 다름 아닌 **당나라와의 외교**

관계를 회복하는 것이었어. 나당 전쟁 이후로 신라는 당나라와 적대적 관계를 유지하고 있었는데, 699년에 효소왕은 당나라에 다시 예물을 바치기 시작한단다. 이는 중국의 문물과 제도를 흡수해 왕권을 강화해 보려는 의도가 담긴 것이라고 할 수 있지.

그렇다면 효소왕은 과연 왕권 강화에 성공했을까? 700년에 일어난 **이찬 경영의 반란**과 이 사건이 처리되는 과정을 살펴보면 그렇지 않다는 것을 알 수 있어. 반란은 효소왕 측이 해결한 것처럼 보였지만, 한 달 뒤에 효소왕 대신 나랏일을 돌보던 신목 왕후가 죽고 왕당파, 즉 왕권 강화를 찬성하는 당파 중 한 사람이었던 집사부 중시 김순원이 강제로 자리에서 물러났으며, 김유신계 왕당파 사람들이 몰락했던 것을 보면 귀족 세력과의 전쟁에서 효소왕 측이 패배했다는 걸 알 수 있단다. 그리고 2년 후에는 효소왕도 죽는데, 당시 효소왕의 나이가 17세였다는 걸 참고

하여 생각하면 이 죽음이 더욱 의심스러울 수밖에 없지.

702년 효소왕이 죽고 그 뒤를 이어 동생이 왕위에 오르는데, 그가 바로 **제33대 왕 성덕왕**이야. 성덕왕은 진골 귀족들의 추대로 왕이 된 것으로 보고 있는데, 이는 그가 왕권을 강화하기에 불리한 조건을 안고 있었음을 의미해.

하지만 국가의 행정을 담당하는 집사부의 중시가 모든 정치적 책임을 지게 되면서 왕권이 보다 강화되었어. 성덕왕은 이를 기회로 삼아 성을 쌓는 일에 힘을 쏟는가 하면, 백성들을 보호하기 위해 **정전을 지급**하는 등 백성들의 생활을 안정시켰지. 이 덕분에 성덕왕은 왕권의 최전성기를 이루고 태평성대를 이룩했던 왕으로 평가되고 있단다.

6

다시 강한 왕을 꿈꾸다

신라의 성덕왕이 죽고, 737년 **효성왕**이 **제34대 왕**으로 즉위했어. 효성왕은 강력한 왕권을 휘두르던 성덕왕의 아들이었지만, 그가 나라를 다스린 6년 동안 신라는 상당히 혼란스러운 시기를 보내야 했지. 하지만 효성왕은 성덕왕 때 정상화된 **당나라와의 외교 관계**를 한층 강화했어. 또한 당나라와의 외교를 통해 중국의 앞선 문물을 수입했는데, 당시 당나라 현종이 '신라는 군자의 나라'라고 했을 정도로 신라의 문화 수준은 매우 높았다고 해.

그러던 **740년** 왕비가 효성왕이 극진히 아끼던 후궁을 살해하자, 죽은 후궁의 아버지가 반란을 일으켰어. 효성왕은 큰 무리 없이 반란을 진정시켰으나, 이로 인해 신라 왕실의 왕권이 점차 약화되면서 그동안 억눌려 지내던 귀족 세력의 고삐가 풀리기 시작한단다.

효성왕의 동생으로 그의 뒤를 이어 왕위에 오른 **경덕왕**은 즉위 후부터 왕권 강화를 위해 노력했어. 경덕왕이 선택한 왕권 강화책은 다름 아닌 한화 정책이야. 한화 정책이란, 신라의 제도와 지명, 관직을 당나라식으로 바꿔서 왕권을 강화하려는 정책이었지. 그러자 756년에 상대등이었던 사인이 왕권 강화를 위한 움직임을 비판하는 상소를 올리기도 했어.

또 757년에는 관료에게 매달 주던 월봉을 폐지하고 녹읍을 주는 것으로 급여 제도를 바꾸었어. 앞에서 신문왕 때 녹읍을 폐지했다고 설명했었지? 이때 진골 귀족 세력을 견제하기 위해 없앴던 녹읍이 경덕왕 때 부활하게 된 거야. 이는 경덕왕이 집권하던 시기에 왕권 강화가 제대로 이루어지 않았다는 것을 의미한단다.

7

대공의 난과 혜공왕의 죽음

765년, 신라 **제36대 왕 혜공왕**이 왕위에 올랐어. 그런데 당시 혜공왕의 나이는 고작 8세였으므로, 왕권에 대항하는 귀족들을 상대하기에는 역부족이었지. 그래서 혜공왕이 왕위에 있던 16년 동안은 두 진영으로 나뉜 귀족들의 싸움이 끊이지 않았어.

그 첫 시작은 768년에 일어난 **대공의 난**이야. 일길찬이던 대공이 자신의 동생 대렴과 함께 반란을 일으켜 왕궁을 33일간이나 에워쌌으나 결국 실패한 사건이지. 반란에 참여한 나머지 세력까지 모두 처리하는 데 3개월 정도 걸린 짧다면 짧은 사건이었지만, 이 사건은 당시 신라 전역에 어마어마한 영향을 끼친 대반란이었음을 알 수 있단다.

대공의 난은 겉으로 보기엔 잘 마무리된 것처럼 보였지만, 신라 조정에 결코 씻을 수 없는 상처를 남겼어. 그 후에도 조정은 안정을 찾지 못하고 끊임없이 흔들렸지. 그 결과, 2년 후인 770년에 또 한 번의 반란이 일어났고, 774년에 이르자 더 이상 버티지 못한 혜공왕은 **김양상**을 상대등으로 임명하면서 그에게 실질적인 권력을 넘겨주고 말아.

그 후 775년 6월과 8월에 김양상과 그 무리에 반대하던 사람들이 반란을 일으켰으나 모두 실패로 돌아갔고, 이듬해에 김양상파는 경덕왕이 한화 정책을 통해 당나라식으로 고친 제도나 이름 등을 17년 만에 전부 이전으로 되돌려 놓는단다.

하지만 780년, 김지정이 군사를 모아 또 한 번 궁궐을 에워쌌어. 김지정의 계획이 성공하면 혜공왕 세력은 반전을 이룰 수 있는 좋은 기회였지. 하지만 김양상 등이 이끄는 군대가 김지정의 반란군을 물리치는 데 성공했고, 그 후 이들은 혜공왕까지 살해하기에 이른단다.

8

신라 하대의 사회 변동

《삼국사기》에 따르면, 신라 사람들은 신라의 역사를 **상대**, **중대**, **하대**의 세 시기로 구분했다고 해. 상대는 혁거세 거서간 때부터 진덕 여왕 때까지로 성골이 왕이 되었던 시기이고, 중대는 무열왕 때부터 혜공왕 때까지로 신라의 전성기였어. 그리고 하대는 선덕왕 때부터 경순왕 때까지로 신라가 전성기를 지나 점점 쇠퇴하는 시기였지. 그런데 신라는 어떤 이유로 쇠퇴의 길을 걷게 되었을까?

여러 이유가 있겠지만, 신라가 멸망할 당시의 상황을 살펴보면 좀 더 확실한 이유를 찾아 내는 데 도움이 될 거야. 신라는 지방에서 성장한 **호족**들이 서로 경쟁하다가 그중 가장 힘센 호족인 **왕건**이 세운 고려에 망했어. 그러니까 신라를 망하게 한 근본적인 원인은 호족이었던 거지.

그렇다면 호족은 어떻게 생겨난 걸까? 신라의 중앙 정부는 지방에서 힘을 키운 호족 세력을 왜 막지 않은 걸까? 그 이유는 신라 왕실로 대표되는 중앙 정부가 지방 세력까지 신경 쓸 여유가 없었기 때문이야. 당시

신라의 왕실은 치열한 왕권 다툼의 소용돌이에 휘말려 있었거든. 신라 하대는 155년 동안 왕이 스무 번이나 바뀐 시대로, 왕 한 명당 나라를 다스린 기간이 평균 8년이 채 안 되었어. 이렇게 신라 왕실에서 왕위를 두고 싸움이 벌어지고 있으니, 먼 지방까지 신경 쓸 틈이 없었던 거지.

신라의 왕권 다툼이 심해진 이유는 바로 **골품제** 때문이었어. 골품제로 인해 진골 귀족은 누구나 왕이 될 수 있었거든. 한마디로 골품제는 신라 하대 사회를 안정적으로 이끌어 갈 만한 제도가 아니었던 거야.

이 외에 지방 호족이 성장할 수 있었던 또 다른 이유는 신라의 중앙 정부가 **토지**에 대한 통제권을 잃어버렸던 탓도 있어. 신문왕 때 폐지되었던 **녹읍**이 경덕왕 때 다시 살아났는데, 이 같은 녹읍의 부활은 토지에 대한 통제권이 중앙 정부에서 귀족들의 손아귀로 넘어가는 걸 보여 주는 아주 상징적인 사건이야. 신라 하대에는 개인이 대규모 토지를 차지하는 사례가 늘어나는데, 이런 사람들 가운데 대다수는 나라에 세금을 제대로 내지 않았고, 이것은 중앙 정부의 살림이 더 어려워지는 원인이 되기도 했어.

그렇다면 개인이 토지를 차지하기 위해 애를 썼던 이유는 뭘까? 신라 하대의 왕위 다툼은 단순한 싸움에 그치기보다 실제 군사적 충돌로 이어지는 경우가 많았기 때문에 경제적인 부를 쌓아 군대를 키우는 쪽이 유리했어. 그런데 농업 국가에서 경제적 부를 쌓는 가장 좋은 방법은 바로 토지를 많이 가지는 것이었지.

이렇게 신라 하대는 **극심한 왕권 다툼**과 벼슬이 높은 세력의 **대규모 토지 소유** 때문에 나라의 힘이 점점 쇠약해진 시기였어. 이 내용에 대해서는 앞으로 좀 더 자세히 살펴보기로 하자.

해동성국이라 불린 발해

당과 신라에 맞서 싸워 발해의 영토를 넓힌 무왕이 죽고 난 뒤, 그 아들 대흠무가 왕위를 이었어. 그가 바로 발해 제3대 왕인 문왕이야. 왕위에 오른 문왕은 이제 주변 나라들과의 싸움을 멈추고 국가 내부 문제를 보살피는 데 힘을 기울일 때라고 생각했지.

문왕은 무엇보다 당의 앞선 문물을 적극적으로 받아들이려고 노력했어. 그리하여 당나라의 제도를 본떠 3성 6부를 기본으로 한 발해의 중앙 통치 기구를 만들었지. 즉, '정당성', '중대성', '선조성'이라는 3성을 만들고, 정당성 아래에 6부를 두어 각각 필요한 일을 하게 했단다.

발해는 당나라의 정치 제도뿐 아니라 문화와 사상도 배우고 싶어 했어. 그래서 당나라에 사람들을 보내 유학을 배워 오게 하고, 불교도 적극적으로 받아들였지.

한편 발해는 수도를 여러 번 옮겼는데, 발해의 마지막이자 가장 오랜 세월 동안 수도였던 곳이 바로 상경성이야. 문왕은 당나라의 수도인 장

석가와 다보라는 두 부처가 나란히 앉아 있는 고구려식 불상입니다.

안성을 본떠 이 상경성을 만들었는데, 그래서인지 상경성은 장안성과 비슷한 점이 많단다.

하지만 발해가 당나라를 무조건 따라 하기만 한 건 아니야. 발해는 고구려를 계승한 나라라는 정체성을 잊지 않고 있었기 때문에 늘 고구려의 문화를 바탕으로 당나라 문화를 받아들였지. 발해가 일본에 보낸 국서에 '고려(고구려) 국왕'이라고 표기한 것을 보더라도, 자신들이 **고구려를 이어 받은 나라**임을 분명히 했다는 점을 알 수 있단다.

이렇게 발해가 내부의 문화와 제도 등을 정비하고 부유하면서도 힘 있는 나라가 되어 가자, 당나라도 발해를 독립된 나라로 인정하고 그때부터 **'발해국'**이라고 불러 주었어.

발해는 또한 당나라와는 다른 자신들만의 고유한 **연호**를 사용했어. 이는 발해가 스스로를 당나라와 비슷한 위치로 생각했다는 것이지. 이렇게 문왕은 발해를 아주 강한 나라로 만들었단다.

발해는 문왕이 죽고 난 뒤 잠깐의 혼란기를 보냈지만, 제10대 왕 선왕이 왕위에 오르면서 안정을 되찾고 다시 발전하기 시작해. 선왕은 특히 발해의 영토를 크게 넓혔는데, 그 결과 고구려보다 더 넓은 영토를 차지하기에 이르렀어. 또한 신라, 당, 거란, 일본 등과 활발히 교류하기 위해 그 나라로 통하는 다섯 개의 길도 만들었단다. 이를 '발해 5도'라고 하는데, 이 길을 통해 많은 사신과 장사꾼이 드나들었지. 이처럼 선왕은 발해의 전성기를 이룬 왕답게 많은 업적을 남겼어.

이렇게 발해가 영토를 넓히고 막강한 국력을 지니게 되자, 당나라는 발해를 '바다 동쪽에 있는 번성한 나라'라는 의미인 '해동성국'이라고 불렀단다.

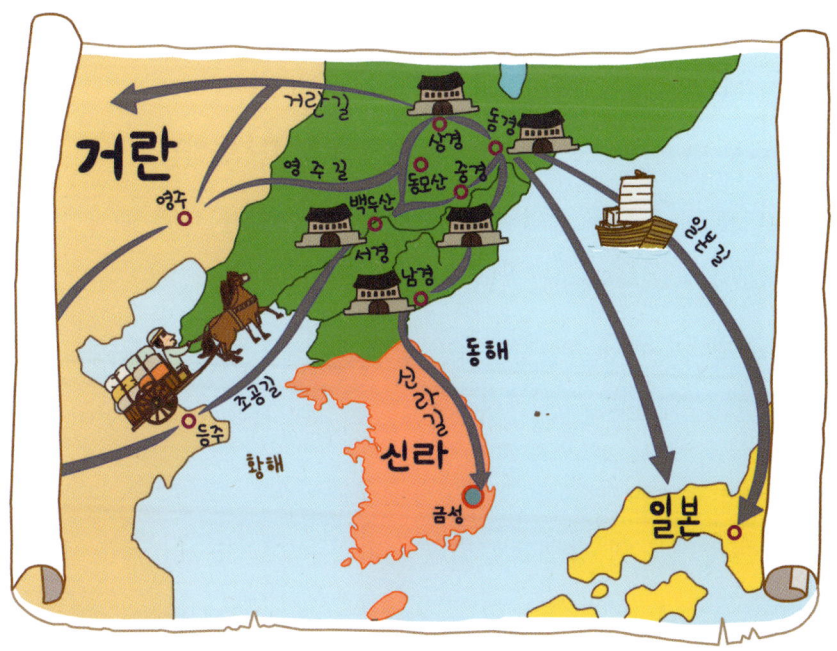

10

해상왕, 장보고

오늘날 완도군에 속한 어느 섬에서 가난한 평민의 아들로 태어난 **장보고**는 어릴 적부터 무예에 뛰어난 소질을 보였어. 하지만 골품제가 있는 신라에서 그의 뛰어난 능력은 아무런 소용이 없었지.

그래서 장보고는 친구 정연과 함께 **당나라**로 건너갔어. 당시 당나라는 실력만 있으면 누구나 높은 지위에 오를 수 있었거든.

당나라로 건너간 장보고는 산둥성 쪽에서 일어난 반란군을 막는 '무령군'에 입대했어. 그리고 뛰어난 무예 실력으로 큰 공을 세워 30세에 **당나라의 장수**가 될 수 있었지.

그렇게 당나라에서 승승장구하던 장보고는 어느 날 해적들에게 잡혀와 당나라에서 노예 생활을 하고 있던 신라 사람들을 보게 되었어. 그때부터 장보고는 근심에 싸인 채 하루하루를 보냈지.

결국 큰 결심을 한 장보고는 당나라의 장수 자리를 내려놓고 신라로 돌아왔어. 828년, 장보고는 당시 신라의 왕이었던 **흥덕왕**(신라 제42대 왕)

을 찾아가 지금의 완도에 군사 기지를 만들게 해 달라고 간절히 요청했고, 흥덕왕은 그의 청을 흔쾌히 들어주었단다. 그리하여 장보고는 곧바로 군사를 모아 청해진이라는 기지를 만들었지.

장보고가 청해진에서 군사들과 함께 해적을 처치한 지 1년쯤 지나자, 주변 바다에서 해적들이 자취를 감추었어. 또한 장보고는 신라와 당나라, 일본을 잇는 해상 무역로를 통한 중계 무역으로 큰 이득을 얻는 한편, 청해진을 여러 나라의 상인이 왕래하는 무역의 중심지로 만들었단다.

그러던 어느 날, 신라의 왕위 다툼에서 밀려난 김우징이라는 사람이 청해진으로 도망쳐 왔어. 그는 장보고에게 자신을 도와 왕이 되게 해 주면 장보고의 딸을 왕비로 맞겠다고 약속했지. 이에 장보고는 망설임 없이 친구 정연에게 군사 5,000명을 내어 주며 김우징을 도우라고 명령했어. 장

　보고의 도움으로 결국 김우징은 839년 **신라 제45대 왕 신무왕**이 되었지. 하지만 신무왕은 왕위에 오른 지 몇 달 만에 병으로 죽고 말아.

　신무왕의 뒤를 이은 아들 **문성왕**은 아버지가 장보고와 한 약속을 지키기 위해 장보고의 딸을 왕비로 맞으려 했어. 하지만 신분이 낮은 사람의 딸을 왕비로 삼을 수 없다는 신하들의 강한 반대에 부딪혔지. 결국 신하들의 뜻에 따르기로 한 문성왕은 자신의 결정을 장보고에게 알렸고, 이에 화가 난 장보고는 문성왕에게 복수하겠다며 반란을 일으켰어.

　장보고의 힘이 너무 강했던 나머지 신라 조정에서도 어쩌지 못하고 있을 때, **염장**이라는 사람이 문성왕에게 자신이 장보고를 없애겠다고 나섰어. 얼마 후 염장은 청해진으로 가 자신을 환영하기 위해 열린 잔치에서 장보고를 암살했지. 동아시아의 바다를 주름잡던 해상왕 장보고는 그의 꿈을 다 이루지 못한 채 이렇게 허무하게 죽고 말았단다.

비운의 천재, 최치원

최치원은 857년에 신라의 경주에서 6두품 집안인 최씨 가문의 아들로 태어났어. 어릴 때부터 신동으로 소문이 나 있었지만, 신분이 6두품에 불과했기에 신라에서는 큰 출세를 바랄 수 없었지.

그리하여 최치원은 12세라는 어린 나이에 당나라로 유학을 떠났어. 당시 당나라는 신분의 차별 없이 실력만 있으면 외국인에게도 벼슬을 내려 주었기 때문이었지. 그렇게 최치원은 유학을 떠난 지 6년 만인 18세에 외국인들을 대상으로 한 과거 시험인 빈공과에 수석으로 합격한단다.

최치원은 과거에 합격하고도 2년간은 관직에 나서지 않았어. 그러다가 876년부터 지방관을 맡아 일을 시작하지만, 다른 나라에서 일하며 생활하는 건 생각보다 쉬운 일이 아니었지.

이처럼 크고 작은 어려움을 겪던 최치원은 당나라에서 농민의 반란인 황소의 난이 일어나고 나서야 자기 이름을 알릴 기회를 얻게 되었어. 최치원은 이때 진압군 쪽에서 각종 서류를 작성하는 일을 맡았는데, 879년에 〈토황소격문〉이라는 글을 써서 그 당시 사람들로부터 어마어마한 칭찬을 받았지. 이 일로 최치원은 당나라 황제에게서 여러 차례 상을 받기도 한단다.

그러던 중, 최치원은 문득 고국인 신라에서 자신의 뜻을 펼치고 싶어졌어. 그래서 29세가 되던 885년, 당 희종에게 자신의 계획을 알리고 허락을 얻은 뒤 신라로 돌아온단다.

▲ 최치원 초상화

하지만 고국으로 돌아온 최치원은 또 한 번 좌절하고 말았어. 6두품이었던 그는 높은 관직에 오를 수 없었고, 자신의 가문, 혹은 자신의 이익에만 관심이 있었던 당시의 진골 귀족들이 신라의 정책들을 기본적인 것에서부터 더 좋게 바꾸어 나가 보자는 그의 말에 귀를 기울이지 않았거든. 이런 상황 속에서 최치원은 중앙 정치 무대에서 활동하지 못하고 지방관으로 일할 수밖에 없었단다.

894년, 최치원은 신라의 문제를 바로잡을 수 있는 〈시무 10조〉를 작성하여 진성 여왕에게 바쳤어. 진성 여왕은 이 개혁안을 흔쾌히 받아들이고 그를 6두품으로서 오를 수 있는 최고 관직인 아찬으로 임명했지. 그러나 안타깝게도 이 개혁안은 진골 귀족들의 방해로 끝내 실행되지 못했고, 진성 여왕마저 왕위에서 물러나자 결국 최치원도 관직을 모두 내려놓고 자연을 벗 삼으며 남은 생을 살았다고 해.

최치원은 뛰어난 재능을 가진 천재였지만, 신분의 벽에 가로막혀 자신의 뜻을 펼치지 못한 비극적인 인물이야. 이러한 그의 삶은 최치원이라는 한 개인의 비극으로 끝나지 않고, 앞으로 펼쳐질 신라의 운명 또한 알 수 있게 해 준단다.

견훤과 후백제

혜공왕이 죽고 **제37대 왕 선덕왕**이 왕위에 오른 후, 신라는 진골 귀족들 간의 극심한 왕위 다툼에 빠져들었어. 신라가 멸망할 때까지 156년 동안 왕이 스무 번이나 바뀌었으니, 왕위 다툼이 얼마나 치열했는지 짐작할 수 있겠지? 이렇게 중앙에서 왕위 다툼에만 신경 쓰고 나랏일을 제대로 살피지 않자, 지방에서 힘을 키운 새로운 세력이 등장했어. 이들을 '**호족**'이라고 해. 각 지역에서 힘을 키운 호족들은 성을 쌓고 사병(개인이 부리는 병사) 조직을 거느리고 있었어. 대표적인 초기 호족으로는 앞에서 살펴본 **장보고**를 들 수 있단다.

세월이 흐르면서 신라에 반기를 들고 나라를 세울 정도로 힘을 키운 호족들도 나타났어. 그 대표적인 사람이 **후백제의 견훤과 태봉의 궁예**였지.

후백제를 세운 견훤은 경북 상주 지역에서 태어났어. 견훤의 아버지 아자개는 상주의 유력한 호족이었는데, 장남이었던 견훤은 처음에 신라

중앙군으로 경주에 진출했다가 나중에 서남해를 지키는 방수군으로 파견되었어. 견훤은 그곳에서 독립된 부대의 지휘관인 비장이 되는데, 그때부터 신라를 배반하려는 마음을 품고 자신과 뜻을 함께할 사람들을 모았다고 해.

《삼국사기》에 따르면, 견훤은 진성 여왕이 다스리던 때인 892년에 반란을 일으켜 한 달 만에 무리 5,000명을 모아 무진주(광주)에서 독자적인 세력을 키웠어. 그리고 같은 해에 완산주(전주)를 점령한 뒤, 그곳에 나라를 세우고 나라 이름을 후백제로 정했단다.

13

궁예와 후고구려

궁예는 **후고구려**를 세운 사람으로, 신라 헌안왕 혹은 경문왕의 아들로 알려져 있어. 그런데 궁에서 우주에 관한 법칙을 연구하고 해석하는 일을 하던 사람이 갓태어난 궁예를 보고는 '불길한 운을 타고난 아이'라 했고, 이에 왕은 신하를 시켜 궁예를 죽이려 했어. 왕의 명을 받은 신하는 궁예를 방 밖으로 던졌는데, 궁예를 불쌍하게 여긴 유모가 밑에서 아이를 받다가 그만 손가락으로 아이의 한쪽 눈을 찌르고 말았지.

유모는 한쪽 눈이 보이지 않게 된 궁예를 데리고 몰래 도망가서 갖은 고생을 하며 길렀어. 그렇게 세월이 흐르고 궁예가 열 살쯤 되었을 무렵, 유모는 궁예에게 그동안 숨겨 왔던 출생의 비밀을 털어놓았어. 그 말을 들은 궁예는 곧장 '세달사'라는 절로 가서 스님이 되었지만, 진짜 스님이 될 생각은 없었지.

세월이 흐르고 전국에서 반란이 일어나자, 궁예는 **891년**(견훤이 반란을 일으키기 1년 전)에 반란군의 우두머리 중 하나인 **기훤**의 부하로 들어갔다가, 이듬해에 기훤을 떠나 **양길**의 부하가 되었단다.

894년, 궁예는 양길의 밑에서 600여 명의 군사를 이끌고 명주(지금의 강릉 지방)를 침공하면서 본격적으로 자신의 힘을 키우기 시작해. 그러다가 명주에서 군사 3,500명을 얻어 양길의 세력을 벗어나 독립했고, 896년쯤에는 **철원** 지역을 손에 넣었단다. 그리고 이곳을 수도로 정하는데, 바로 이때쯤 **왕건**과의 운명적인 만남이 이루어지지. 그 후 898년에 **송악**(지금의 개성)으로 수도를 옮기고 남쪽으로 영역을 넓히더니, 드디어 **901년**에 나라를 세우고 나라 이름을 '후고구려'라고 했어.

이로써 한반도에서는 신라, 후고구려, 후백제가 경쟁하는 **후삼국 시대**의 막이 열린단다.

14

왕건, 고려를 건국하다

918년 6월 15일, 궁예가 세운 나라 태봉(후고구려)의 수도인 철원성에서 "고려 만세! 왕건 만세!" 하는 함성이 울려 퍼졌어. 궁예의 부하로 있던 왕건이 궁예를 내쫓고 왕위에 오른 거야. 대체 무슨 일이 있었기에 왕건이 궁예를 몰아내고 왕이 된 걸까? 궁예가 나라를 처음 세웠던 무렵으로 다시 돌아가서 살펴보자.

지금의 황해도, 평안남도, 경기도 북서부 일대를 '패서 지방'이라고 하는데, 궁예는 철원 지방을 완전히 손에 넣은 후 이 패서 지방의 호족들과 힘을 합쳐 901년에 나라를 세웠어. 궁예와 함께 후고구려를 세운 호족들 중에는 왕건의 아버지인 용건(왕융)도 있었지.

궁예는 그 당시 왕건이 어린 나이였음에도 불구하고 그에게 중요한 자리를 맡겼어. 또 그로 하여금 직접 군대를 지휘해 경기도와 충청도 일대를 공격하도록 했고, 903년에는 수군을 이끌고 후백제의 뒤쪽 깊숙이 위치한 지역인 금성(나주)을 공격하는 위험한 임무도 맡겼지. 하지만 왕건은 이 모든 임무를 성공시키며 궁예의 신임을 얻는단다. 이처럼 궁예는 왕건을 믿고 자신의 곁에 두려 했지만, 왕건은 점점 교만하고 포학해지는 궁예를 멀리하기 위해 되도록 궁궐에 머물지 않으려 했다고 해.

아니나 다를까, 그 무렵 궁예는 자신이 미륵불(미래에 나타난다는 부처)이고, 사람의 마음을 들여다볼 수 있다며 죄 없는 주변 사람들을 마구 죽였어. 심지어 반란을 꾀했다는 죄를 뒤집어씌워 왕비와 자신의 두 아들까지 죽였단다. 이처럼 궁예의 횡포가 나날이 심해지자, 사람들은 더 이상 그를 왕으로 모시지 않기로 뜻을 모았어. 그래서 918년에 몇몇 사람들이 반란을 일으켜 궁예를 내쫓고 왕건을 새 왕으로 세웠는데, 이것이 고려 왕조의 시작을 알리는 사건이었지.

이제 후삼국의 대결 구도는 신라, 후백제, 고려로 바뀌게 되었어. 후삼국의 앞날은 과연 어떻게 펼쳐질까?

15

발해의 멸망

제10대 왕인 **선왕** 때 최대 영토를 차지한 발해는 11대 왕 대이진, 12대 왕 대건황, 13대 왕 대현석 때까지 전성기를 보내게 돼. 그러다 **15대 왕 대인선**의 집권기에 갑자기 **멸망**하고 마는데, 이와 관련된 기록이 많지 않아 발해가 왜 갑자기 멸망했는지에 대해서는 거의 알려진 바가 없어.

발해가 멸망한 10세기 전반, 동아시아는 그야말로 혼란의 시기였어. 중국은 당나라가 망하고 아직 통일 왕조가 나타나기 전이라 몹시 어지러운 상황이었고, 한반도도 신라의 힘이 약해진 틈을 타 지방 세력이 들고일어나면서 후삼국 시대가 시작된 시기였지. 한편 몽골 고원과 만주 일대에서는 **거란족**이 세력을 키우면서 동아시아의 새로운 강자로 떠올랐어. 이런 거란족과 국경을 맞대고 있었던 발해로서는 거란을 막는 데 온 힘을 다해야 할 상황이었을 거야.

거란족의 입장에서도 발해는 자신들이 중국 땅을 차지하는 데 방해가 되는 눈엣가시 같은 존재였어. 그리하여 거란은 서쪽 국가들과의 전투가 끝난 직후인 925년 12월, 발해를 공격하겠다고 발표한 뒤 발해의 **부여부**로 쳐들어갔어. 그리고 다음 해 1월 3일에 부여부를 무너뜨렸지. 그 후에도 거란군은 발해의 노상 장군이 이끄는 3만 군대를 격파하고, 부여부를 무너뜨린 지 6일 만인 1월 9일에 발해의 수도(상경 용천부 홀한성)를 에워싸기에 이르렀어.

결국 발해의 국왕 대인선은 더 이상의 저항을 포기하고 1월 14일에 정식으로 항복을 선언했어. 이로써 발해는 229년 만에 역사 속으로 사라지고 만단다.

16

견훤의 포석정 습격 사건

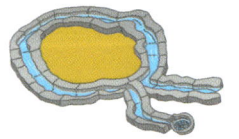

궁예를 몰아내고 고려를 세운 왕건은 호족과는 물론이고, 국력이 약해질 대로 약해진 신라와도 잘 지내려고 했어. 신라의 입장에서도 든든한 고려가 잘 지내자고 손을 내미니 마다할 이유가 없었지. 이렇게 신라와 고려는 정식으로 동맹을 맺은 건 아니지만 후백제에 대항하기 위해 힘을 합치는 사이가 되었어. 그런데 후백제의 견훤은 나라를 세울 때부터 백제의 마지막 왕인 의자왕의 원수를 갚는 것을 목표로 했기에 신라와 사이좋게 지낼 수 없었지. 그런 이유로 후백제군과 고려군은 서로 충돌할 수밖에 없었단다.

그러던 **927년 9월**, 후백제군이 신라의 **근품성(문경)** 을 공격해 무너뜨렸어. 이곳은 군사적으로 매우 중요해서 신라로서는 반드시 지켜야만 하는 곳이었지. 결국 신라는 고려에 구원을 요청했고, 고려도 급하게 군대를 출동시켰어. 하지만 후백제의 군대는 움직임이 빠른 기병들로 이루어져 있어서 고려와 신라가 손쓸 틈도 없이 경주까지 빠르게 내달렸고, 곧바로 경주를 습격해 포석정에 있던 **경애왕**을 사로잡은 뒤 신라 왕궁을 차지해 버렸지. 경애왕을 죽음으로 내몬 견훤은 경주 사람들을 해치고, 재물을 빼앗았어. 그런 다음 경애왕의 사촌 동생인 김부를 왕으로 삼았는데, 그가 바로 신라의 마지막 왕인 **경순왕**이야. 그 후 견훤은 신라의 왕실 사람들과 귀족들을 포로로 잡고 후백제로 돌아가려고 했어.

그 무렵 신라의 구원 요청을 받고 급히 5,000명의 기병대와 함께 신라로 향하던 왕건은 때를 놓쳤음을 알았어. 그리고 작전을 바꿔 **공산**(지금의 **대구 팔공산**) 아래에 숨은 뒤 돌아가는 후백제군을 기다리고 있었단다. 이 싸움의 승자는 과연 누가 될까?

17

후백제의 압도적 승리, 공산 전투

경애왕을 죽음으로 몰아넣고 신라 귀족들을 포로로 잡은 견훤은 고려의 군대가 경주로 다가오고 있다는 소식을 듣고 서둘러 그곳을 떠났어. 하지만 고려군은 후백제군이 어느 길로 돌아갈지 알고 있었기에, 공산 아래에서 미리 기다리고 있다가 후백제군을 공격했지.

전투 초기에는 고려군이 이기는 듯했어. 그러나 전투가 계속 진행될수록 고려군은 후백제군에게 밀리기 시작했지. 자칫 잘못하면 왕건을 포함하여 고려군 전체가 죽을 수도 있는 커다란 위기의 순간이었어. 그때 왕건이 아끼던 장군 **신숭겸**이 나서서 말했어. 자신이 왕건의 옷을 입고 후백제군의 시선을 끌 테니 그 사이에 적의 포위를 뚫고 빠져나가라고 말이야. 왕건은 그렇게 하면 신숭겸이 죽게 될 거라는 사실을 알았지만, 왕으로서 목숨을 지켜야 했기에 신숭겸의 제안을 받아들일 수밖에 없었지. 고려군은 결국 이 **공산 전투**에서 대패했고, 왕건은 겨우 목숨을 건져 돌아올 수 있었단다.

공산 전투에서 큰 승리를 거둔 후백제는 한동안 후삼국 중 가장 강력한 힘을 자랑했어. 하지만 이 무렵, 호족들 사이에서는 어떠한 변화의 움직임이 일고 있었어. 이는 장차 한반도의 주인을 바꿀 수도 있는 변화였지.

견훤이 경주에 쳐들어가 경애왕을 죽이고 경주를 쑥대밭으로 만들었다는 소식은 순식간에 호족들 사이로 퍼져 나갔어. 이 소식을 들은 호족들은 신라의 왕도 죽이는 견훤이 자신들에게는 더한 짓을 저지를 수도 있다고 생각하여 점차 견훤을 멀리하기 시작했지. 이에 반해, 신라의 왕을 구하러 먼 곳까지 달려간 왕건의 인기는 오를 수밖에 없었어. 심지어 상주에 살던 견훤의 아버지 아자개도 왕건에게 항복했을 정도였단다.

고려의 결정적인 승리, 고창 전투

공산 전투에서 승리를 거둔 뒤로 견훤은 계속 승승장구했어. 경상도 땅의 상당 부분을 손에 넣었을 뿐만 아니라, 왕건에게는 '평양성의 누각에 활을 걸어 놓고 대동강에서 말에게 물을 먹이고 싶다'와 같은 내용의 편지를 보내기도 했거든. 이는 왕건의 입장에서 보면 크게 화가 날 만한 내용이었지.

또한 당시에는 후백제군에 대항할 만한 세력이 거의 없었기 때문에 견훤은 여기저기 군사들을 보내 영토를 넓힐 수도 있었어. 928년에는 지금의 진주인 **강주**를 공격하고 **부곡성**을 빼앗았으며, 929년에는 5,000명의 군사를 보내 **의성부**(지금의 경북 의성)를 무너뜨렸지.

그런데 여기서 왕건과 견훤의 차이점이 뚜렷하게 드러나는 부분이 있어. 견훤은 의성부를 차지한 뒤 왕건의 편을 들었다며 의성의 성주를 죽였지만, 왕건은 의성 성주가 죽었다는 소식을 듣고 "내가 양손을 모두 잃어버렸구나" 하며 안타까워했다는 점이야.

929년 12월, 견훤은 의성 옆에 있는 **고창(지금의 안동)**으로 군사를 보내 그곳을 에워쌌어. 이 소식을 들은 왕건은 고창을 지키기 위해 군사를 이끌고 그곳으로 달려갔지. 고창은 경상도로 들어가는 길목에 있어서 고려군에게도 위치적으로 매우 중요한 곳이었거든.

고창 전투는 좀처럼 승부가 나지 않은 채 밀고 밀리는 상황이 한동안 계속되었어. 그런데 두 나라의 군대 사이에는 뚜렷한 차이가 있었지. 왕건의 고려군은 주변 호족들의 지원을 받았던 것에 반해, 견훤의 후백제군은 아무런 지원도 받지 못했다는 점이야.

결국 고려군은 후백제군 8,000명을 물리치고 대승을 거두었어. 이로써 공산 전투에서의 패배를 완벽하게 씻어 낼 수 있었지. 고창 전투에서 승리한 고려는 이후 후삼국을 통일할 수 있는 결정적인 기회를 손에 쥐게 된단다.

19

후삼국을 통일한 왕건

　고창 전투에서 후백제군이 8,000명의 군사를 잃고 크게 패하자, 고창 주변에 있던 30여 곳의 성들은 물론, 동해 쪽에 위치한 110여 개의 성까지 왕건에게 항복했어. 이렇게 백성들의 마음이 왕건 쪽으로 기울자, 신라는 나라를 유지하기가 더욱 힘들어졌지.

　고창 전투에서 패배한 후백제 역시 많은 영토를 잃는 등 국력이 급격하게 약해지면서 겨우 전라도 지방만 지키고 있는 상황이었어. 그러던 **935년**에 결정적인 사건이 발생하는데, 바로 견훤의 세 아들인 **신검**, **양검**, **용검**이 반란을 일으킨 거야.

　견훤에게는 여러 명의 아들이 있었는데, 견훤은 그중 넷째인 **금강**에게 왕위를 물려주려 했어. 그러자 금강의 세 형이 반란을 일으켜 금강을 죽이고, 아버지 견훤은 **금산사**에 가둬 버렸지. 아들들에게 배신당한 견훤은 약 3개월 후 금산사를 탈출해 왕건에게로 갔어. 왕건은 자신에게 도망쳐 온 견훤을 크게 환영해 주었단다.

한편, 다 쓰러져 가는 신라를 더 이상 다스릴 자신이 없었던 **경순왕**도 이 이야기를 전해 듣고는 신하들을 모아 고려에 항복하는 것에 대해 의논했어. 찬성과 반대 의견이 팽팽하게 맞선 가운데, 경순왕의 아들인 **마의 태자**는 고려에 항복하는 것을 강력하게 반대했지. 하지만 경순왕이 항복하자는 의견을 강하게 밀어붙였고, 결국 **935년 11월** 직접 고려로 가 항복을 선언한단다. 이로써 기원전 57년부터 935년까지 992년간 기나긴 역사를 이어 온 신라는 역사의 무대 뒤편으로 사라지고 말아.

이듬해인 **936년**, 고려에 머물고 있던 견훤은 결국 왕건을 찾아가 자신의 아들들을 벌해 달라고 부탁했어. 이에 왕건은 견훤과 함께 대군을 이끌고 후백제를 공격하기 위해 달려갔지. 고려 군사들을 이끌고 싸우러 나온 견훤을 발견한 후백제군은 싸울 의욕을 잃어버리고 말아. 심지어 몇몇 장군들은 싸우기도 전에 고려군에 항복하기도 했지.

결국 탄현에 있던 신검이 두 아우와 함께 왕건에게 항복함으로써 고려는 **후삼국을 통일**한 마지막 승자가 되었단다.

통일 신라의 문화유산

통일 신라 시대에는 신라 시대 때보다 불교가 훨씬 더 발달했어. 불교는 신라의 사회를 안정시키고 왕권 강화에 이바지하였기에 이와 관련된 불교문화 역시 발전할 수밖에 없었는데, 이를 대표하는 통일 신라의 문화유산으로는 **불국사**와 **석굴암**을 들 수 있단다.

불국사는 신라 **경덕왕** 때의 재상이었던 **김대성**이 지은 절이야. 통일 신라 시대의 화려한 불교문화와 당시 신라인들의 훌륭한 건축 기술을 엿볼 수 있는 불국사는 1995년 석굴암과 함께 **유네스코 세계 문화유산**에 등재되었어. '불국사'라는 이름은 '부처님이 사는 나라를 신라에 그대로 옮겨 놓은 절'이라는 뜻을 담고 있는데, 통일 신라의 사람들은 자신들의 나라가 부처님의 나라, 즉 '불국'이 되었으면 하는 바람을 지니고 있었지.

김대성은 이 세상에 태어나기 이전 세상의 부모님을 위해 석굴암을, 이 세상의 부모님을 위해 불국사를 짓기 시작했다고 해. 석굴암은 처음 만들어졌을 당시에 '석불사'라고 불렸으며, 우리나라의 대표적인 **석굴 사원**으로 손꼽히고 있어. 또한 자연적으로 만들어진 것이 아닌 흰색의 화강암을 이용해 사람의 힘으로 직접 쌓아 올린 **인공 석굴**로, 뛰어난 불교 예술을 표현해 냄으로써 그 높은 가치를 인정받았단다.

▲ 석가탑

▲ 다보탑

《삼국유사》에 따르면, 김대성은 751년에 불국사와 석굴암을 짓기 시작했다고 해. 그러나 김대성은 불국사와 석굴암이 완공되는 모습을 보지 못한 채 774년 12월에 세상을 떴고, 결국 두 건축물은 이후 국가에서 완성시켰단다.

한편 불국사의 대웅전 앞에는 두 개의 탑이 서 있는데, 대웅전을 중심으로 오른쪽에 있는 탑을 '석가탑', 왼쪽에 있는 탑을 '다보탑'이라고 해. 그런데 도굴범들이 석가탑을 도굴하려다 실패하였고, 이후 이를 손보아 고치는 과정에서 석가탑 안에 있던 세계에서 가장 오래된 목판 인쇄본인 《무구정광대다라니경》을 발견하기도 했단다.

하지만 불행히도 다보탑은 도굴을 피하지 못했어. 본래 다보탑의 사면에는 탑을 지키는 사자상이 각각 한 마리씩 놓여 있었는데, 지금은 단 한 마리만 남아 있지. 다른 세 마리는 일제 강점기에 누군가가 훔쳐 갔을 거

▲ 불국사

▲ 석굴암 내부

라고 추측만 할 뿐, 사자상의 행방은 여전히 오리무중이야.

한번 잃어버린 문화재는 다시 복구할 수 없는 경우가 많아. 그러니 문화재 보호에 보다 많은 신경을 써야겠지?

똑똑한 팁 석가탑과 다보탑의 모양이 서로 다른 이유는?

일반적으로 절의 대웅전 앞에는 탑이 하나만 있어. 그리고 만일 탑이 두 개가 있더라도 서로 같은 모양으로 만들지. 그런데 왜 불국사 대웅전 앞에 있는 두 개의 탑은 서로 모양이 다를까? 그 이유는 현생의 부처인 '석가' 부처님과 전생의 부처인 '다보' 부처님을 상징하는 탑을 만들었기 때문이야. 그래서 탑 이름도 각각 '석가탑'과 '다보탑'이란다.

발해의 문화유산

통일 신라와 함께 남북국 시대를 연 발해는 고구려 유민들의 나라라고 할 수 있어. 그래서 그 문화도 굳세고 씩씩한 정신을 가진 고구려를 닮아 있지. 또한 여기에 당나라와 말갈의 문화가 더해지면서 발해는 그들 고유의 문화를 발전시켰단다. 그럼 발해의 문화유산에 대해 좀 더 구체적으로 알아보자.

먼저 고구려의 영향을 받았음을 알 수 있는 문화유산으로는 **온돌 유적**과 **연꽃무늬 수막새** 그리고 **치미**가 있어. 온돌은 아궁이에 불을 땔 때 발생하는 열기로 방을 덥히는 장치인데, 이는 우리 조상들이 추운 겨울을 나기 위해 개발한 우리나라 고유의 난방 방법이야. 처음에는 한반도 북쪽 지방에서 주로 사용하다가, 고려 시대쯤 한반도 전체로 퍼져 나갔지.

수막새는 기와지붕 끝을 막는 기와인데, 발해의 수막새는 고구려의 수막새와 생김새가 비슷하단다. 지붕 꼭대기에 올려놓는 장식물인 치미도 발해보다 고구려의 것이 더 크기는 하지만, 기본적인 구조와 선의 모양

등은 고구려 치미의 영향을 받았음을 알 수 있지.

또 발해에는 **불교와 관련한 문화유산**도 많아. 우선 수도였던 상경성에서는 열 개의 큰 절터가 발견되었는데, 이를 통해 당시 발해에서 불교가 얼마나 발달했는지를 알 수 있어. 특히 돌로 네모지게 만든 높이 6미터의 거대한 **석등**은 이를 잘 나타내 주는 유물이지. 이 외에도 발해의 궁궐과 절터에서 불교와 관련한 여러 개의 기와, 토기, 불상, 석등, 돌사자 등이 발견되었단다.

▲ 발해 수막새   ▲ 발해 석등

958년 광종, 과거제 실시.

982년 최승로, <시무 28조> 올림.

1033년
천리장성 축조 시작.

1019년 귀주 대첩으로 거란군을 물리침.

1107년 윤관, 동북 9성 설치.

1126년 이자겸의 난.

6장
고려 시대 전기

936년 ~ 1170년

 1135년 묘청의 난.   **1145년** 《삼국사기》 편찬.   **1170년** 무신 정변.

1

왕건은 고려를 어떻게 다스렸을까?

936년, 고려가 후백제를 물리치고 후삼국을 통일했어. 왕건이 고려를 건국한 지 19년 만의 일이야. 그 후에도 고려 태조인 왕건은 나라를 7년이나 더 다스렸지. 그렇다면 왕건은 후삼국 통일 후에 나라를 어떻게 다스렸을까?

우선 왕건은 통일 전부터 **친호족 정책**을 썼어. 호족은 지방에서 세력을 키운 사람들을 말하는데, 이러한 호족들의 힘은 왕건이 후삼국을 통일하는 데 큰 도움이 되었지. 그런데 만일 후삼국 통일 후 호족들이 힘을 합쳐 왕건에게 저항한다면, 왕건조차도 왕권을 지킬 수 있다고 확신할 수 없을 만큼 그들의 힘은 매우 강했단다. 따라서 왕건은 통일 전에는 후삼국을 통일할 수 있는 힘을 얻기 위해, 통일 후에는 나라를 안정적으로 다스리기 위해 호족의 마음을 얻을 필요가 있었지.

그렇다면 왕건은 호족의 마음을 어떻게 얻을 수 있었을까? 왕건은 호족들과 가족이 된다면, 그들이 자신을 배신할 일은 없을 거라고 생각했어. 그래서 그는 호족의 딸들과 혼인을 하는데, 무려 스물아홉 명이나 되는 왕비를 맞아들였지.

물론 왕건이 호족의 마음을 잡아 두기 위해 이 같은 **결혼 정책**만 사용한 것은 아니야. 세력이 강한 호족에게는 자신의 성인 '왕'씨를 내려 줌으로써 그들과 한 가족이 되는 방법도 사용했지. 이를 **'사성 정책'**이라고 해. 요즘 시대에는 성(姓)을 바꾼다는 게 잘 이해되지 않겠지만, 당시에는 성이 없는 사람도 많았기 때문에 왕에게서 특별히 성을 받는 건 아주 영광스러운 일이었어. 특히 왕과 같은 성을 받는 경우는 더더욱 그랬지. 이렇게 왕건은 여러 가지 정책으로 호족들의 마음을 얻어 나라를 안정적으로 다스릴 수 있었단다.

한편, 왕건은 백성들을 생각하는 좋은 왕이기도 했어. 우선 그는 후삼국 시대에 통일 전쟁에 참여하여 함께 싸우느라 고생한 백성들을 위해 세금을 줄여 주었어. 후삼국 시대에는 호족들의 강요 때문에, 혹은 전쟁 비용 때문에 많은 세금을 내야 했거든. 또 억울하게 노비가 된 사람들을 풀어 주고, 호족들에게 백성들을 괴롭혀서는 안 된다고 경고하기도 했지.

왕건은 또 서경에 학교를 세우고 유학을 공부한 이들을 관리로 뽑는가 하면, 불교도 적극적으로 권하며 승려들을 정중하게 대우하기도 했단다. 그리고 죽기 직전에는 〈훈요 10조〉를 남겨 후대의 왕들이 교훈으로 삼도록 했지.

이렇게 고려를 세우고 후삼국을 통일한 후 나라를 잘 다스린 왕건은 943년, 67세의 나이로 세상을 떠났어.

▲ 태조 왕건 청동상

고려 역사의 기초를 다진 광종

태조 왕건이 죽고 난 뒤, 스물다섯 명이나 되는 그의 아들들은 고려 왕실에 큰 부담이 되었어. 왕자들이 각자 세력이 강한 호족 가문인 외가를 등에 업고 왕권 경쟁에 뛰어들었기 때문이야.

태조의 뒤를 이어 왕위에 오른 사람은 태조의 맏아들인 **혜종**이었어. 혜종은 다른 형제들보다 나이가 훨씬 더 많았고, 후삼국 통일 전쟁에 참여한 유일한 아들이었기에 그가 태조의 뒤를 잇는 건 어쩌면 당연한 일이었지. 그런데 자신을 죽이려 궁궐에 침입한 자를 맨손으로 때려잡았다는 이야기가 전해질 정도로 건강했던 혜종은 어찌 된 일인지 왕이 된 지 2년 만에 병으로 세상을 뜨고 만단다.

혜종이 죽고 난 뒤, 태조의 둘째 아들인 **왕요**가 신하들의 추천으로 왕위에 올랐어. 그가 바로 고려 제3대 왕인 **정종**이야. 하지만 949년, 정종조차 왕이 된 지 4년 만에 27세라는 젊은 나이에 죽고, 정종의 유언에 따라 그의 친동생이자 태조의 넷째 아들인 **왕소**가 왕이 된단다. 그가 고려

제4대 왕 광종이야.

25세 때 왕이 된 광종은 두 형인 혜종, 정종과는 달리 26년간이나 나라를 다스리며 고려의 기초를 튼튼히 다지기 위해 여러 가지 일을 했어. 그는 956년에 노비안검법을 실시하는데, 이는 본디 양민이었다가 억울하게 노비가 된 사람들을 찾아내 노비에서 해방시켜 주는 법이야. 당시 노비는 노동력의 근본인 동시에 병사로도 활용되었으므로, 노비를 많이 데리고 있던 공신(나라에 공을 세운 신하)과 호족에게 노비안검법 실시는 날벼락과도 같은 소식이었지. 그래서 대다수의 공신과 호족들은 광종의 이런 조치에 강력하게 반발했어.

하지만 광종은 이에 그치지 않고, 2년 후인 958년 중국에서 고려로 넘어온 **쌍기**의 건의를 받아들여 **과거제**를 실시한단다. 과거제는 중국 수나라에서 시행한 제도로, 출신 가문에 상관없이 시험을 통해 관료를 뽑는 제도였어. 과거제는 오직 호족이나 공신의 집안 자제들만이 관직에 나아갈 수 있었던 당시 상황에서 평범한 집안 자제들이 관료가 될 수 있는 유일한 길이었지.

하지만 광종은 점점 폭군이 되기 시작했어. 그는 공신과 호족의 세력을 약화시키는 데 만족하지 못하고, 조금이라도 자기에게 반대한다 싶은 사람은 귀양을 보내거나 죽였지. 《고려사》에는 이때 죄수를 가두어 둘 감옥이 모자라서 새로 지었을 정도였다고 기록되어 있어.

비록 강압적으로 나라를 다스리긴 했지만, 광종은 호족과 공신의 힘을 억누르고 고려의 발전을 위해 튼튼한 기초를 놓은 훌륭한 왕이었단다.

3

불교의 나라, 고려

고려는 **불교**의 나라로, 백성들은 일상생활에서도 불교의 가르침에 따라 살았어. 물론 정치와 관련된 일들은 점점 유교의 가르침을 따르는 쪽으로 변해 갔지만 말이야. 태조의 〈훈요 10조〉에서도 불교 행사인 연등회와 팔관회는 빠뜨리지 말고 꼭 열라고 할 정도였지. 연등회와 팔관회는 과연 어떤 행사였기에 태조가 그런 유언을 남긴 것일까?

우선 **연등회는 부처님에게 등을 바치는 행사**로, 삼국 시대 때부터 전해 오던 거야. 처음에는 정월 대보름이나 2월 보름에 열렸는데, 나중에는 부처님이 태어난 사월 초파일에도 열렸어. 그러다가 조선 시대에 정월에 열리던 연등회가 없어지고 사월 초파일에 열리던 것만 남아 지금까지 전해지고 있단다. 고려 시대에는 연등회 때 왕과 왕족 그리고 신하들이 절에서 태조에게 제사를 드린 후, 다음 날 수만 개의 등이 밝혀져 있는 풍경을 보면서 잔치를 열었어. 그리고 백성들은 절에 가서 향을 피우고 복을 빈 다음, 준비된 무대에서 공연하는 춤과 음악, 곡예 등을 구경했지.

팔관회는 원래 불교 신자들이 집에서 지키기 힘든 불교에 관한 여덟 가지 계율을 절에 들어가서 며칠 동안 실행해 보는 체험 행사였어. 그러던 것이 신라 진흥왕 때에 전쟁에서 죽은 병사들을 위한 제사의 의미도 더해졌다가, 나중에는 무속 신앙의 여러 신에게 드리는 제사까지 함께 지내는 것으로 성격이 바뀌었지. 즉, **불교와 무속 신앙을 결합**하여 국가와 개인의 복을 비는 행사가 된 거야.

팔관회는 한 해가 끝나 갈 무렵 개경과 서경에서 열렸는데, 왕과 관리들뿐만 아니라 지방 사람들을 포함하여 멀리 외국에서 온 사절단도 참석해 축하 편지와 선물을 주기도 하는 국제적인 행사였단다. 팔관회 때도 여러 신들에게 제사를 드리고 나면 가면 놀이, 탈춤, 곡예, 인형극 등 성대한 공연이 벌어졌어. 이처럼 연등회와 팔관회는 고려의 모든 사람이 즐기던 아주 큰 축제였단다.

▲ 연등을 매달아 놓은 절의 모습

4

성종과 최승로의 〈시무 28조〉

광종이 죽고 난 뒤 **경종**이 **고려 제5대 왕**이 되었어. 하지만 그는 나라를 다스리던 6년이라는 짧은 기간 동안에도 왕 노릇을 제대로 하지 못했으므로, 고려의 정치 상황은 다시 혼란 속으로 빠져들었지. 이 혼란을 극복하고 나라를 다시 안정시킨 인물이 고려 **제6대 왕 성종**이야. 성종은 경종의 사촌 동생으로, 경종이 두 살밖에 안 된 자기 아들 대신, 사촌 동생인 그에게 왕위를 물려준다고 유언하여 왕이 될 수 있었어.

성종은 즉위 이듬해인 982년에 5품 이상의 신하들에게 나랏일을 바로잡을 수 있는 방법을 적어 올리도록 명령했어. 이때 성종의 눈에 띈 사람이 당시 56세였던 **최승로**란다.

최승로는 본래 신라 출신으로, 경순왕이 태조에게 항복하러 올 때 경순왕을 따라온 신라의 관리 최은함의 아들이야. 어릴 때부터 천재로 소문이 난 덕분에, 태조도 어린 최승로를 기특하게 여겨 그에게 상을 내리고 관청에서 교육받을 수 있게 배려해 주었다고 해. 하지만 그 후로 별다른 기록이 없다가, 성종이 즉위하고 나서야 비로소 이름을 알리기 시작한단다.

성종의 요청으로 최승로는 <시무 28조>라는 개혁안을 써서 올렸어. 지금은 28조 중 22조만 전하는데, 이 <시무 28조>를 한마디로 정리하면 유학의 사상에 따른 정치 개혁안이라고 할 수 있지. 최승로는 왕과 신하 중 어느 쪽으로도 힘이 치우쳐서는 안 되고, 두 힘이 서로 균형을 이루어야 한다고 생각했어. 그리고 불교 행사도 줄이거나 없애야 하며, 지방 세력들이 마음대로 설치지 못하도록 지방에도 관리를 보내서 다스릴 것을 건의했지.

이렇게 최승로의 도움을 받아 유교 정치의 틀을 잡을 수 있었던 성종은 나라의 질서를 잡는 동시에 백성들의 생활도 안정시킬 수 있었단다.

5

고려의 대외 관계

고려는 주변 나라와 어떻게 지냈을까? 중국의 송나라 그리고 얼마 후 고려와 크게 전쟁을 벌이게 될 거란을 중심으로 한번 살펴보자.

중국에서는 당이 멸망한 뒤 5대 10국이라는 분열 시기가 계속되다가, 고려 광종 때인 **960년 송나라**가 등장했어. 그러자 고려는 송나라와 국교를 맺고 송나라의 문화를 수입하고자 애를 쓴단다. 거란과 대립하고 있던 송나라의 입장에서도 고려와 친하게 지내면 거란과의 관계에 도움이 될 거라 생각했지. 이런 이유로 두 나라 사이에는 사신과 상인이 자주 오갔고, 고려에서는 유학생과 유학승을 송나라로 보냈으며, 송나라 사람들도 고려에 와서 고려의 백성이 되는 경우가 많았어. 그러다 고려가 거란과 평화 협정을 맺고 나서부터는 국교가 중단되었다가, 고려 **문종** 때 다시 국교를 맺는단다.

한편, 916년에 나라를 세운 **거란**은 만주와 몽골 지방을 점령하면서 이 지역의 새로운 지배자로 우뚝 서게 돼. 고려는 거란과 처음부터 사이가

좋지 않았는데, 거란이 발해를 멸망시키고 난 뒤부터는 서로 국교를 끊고 원수처럼 지냈어. 거란이 고려에 사신을 보내왔을 때도 태조 왕건은 거란의 사신들을 섬으로 귀양 보내고, 그들이 선물로 가져온 낙타 50마리를 만부교 아래에 묶어 두어 굶어 죽게 할 정도였지.

송나라와 거란 이외에도 고려는 다양한 나라들과 교류했어. 가까이는 **일본**에서부터 멀리는 **아라비아**에 이르기까지, 공식적인 나라 대 나라의 관계는 아니었을지라도 상인들이 서로 활발하게 왕래하며 물건을 사고 팔았단다. 고려의 수도인 개성 근처에 있었던 예성강 하류의 **벽란도**는 이런 상인들이 드나들었던 **국제 무역항**이었지. 당시 아라비아 상인들은 고려를 '코리아'라고 발음했는데, 이렇게 고려는 국제적으로 여러 나라와 교류하며 우리나라의 이름인 **코리아**를 전 세계에 알릴 수 있었단다.

6 거란의 1차 침입과 서희의 담판

10세기 후반으로 접어들면서 고려 주변에 위치한 나라들의 상황이 빠르게 바뀌어 갔어. 979년 **송나라 태종**이 마침내 중국을 완전히 통일했고, 그보다 훨씬 앞서 부족을 통일하고 대제국을 건설한 거란이 호시탐탐 중국을 집어삼킬 기회를 노리고 있었지. 그런데 거란이 송나라를 치기 위해 반드시 손을 봐 줘야 할 나라가 있었는데, 바로 고려였어. 이런 상황을 전혀 몰랐던 고려의 성종은 나라 안의 일에만 신경을 쓰고 있었지. 결국 **993년**, 거란이 고려로 쳐들어왔는데 이를 '**제1차 고려-거란 전쟁**'이라고 해.

다른 나라의 침략에 대한 대비가 잘 되어 있지 않던 고려에서는 급히 방어 준비를 했지만, 첫 번째 전투에서 패배하고 말아. 그러자 고려 조정은 혼란에 빠졌지. 이때 침착하게 해결책을 내놓은 사람이 있었는데, 바로 **서희**였어. 서희는 송나라에 사신으로 다녀온 적이 있었기 때문에 그 당시 국제 관계에 대해서 잘 알고 있었어.

　서희는 거란이 원하는 것은 고려와의 전쟁이 아니라며, 그들이 원하는 것을 들어주면 자연스럽게 물러갈 것이라고 주장했어. 그는 성종과 다른 신하들을 설득해 거란과 협상을 하게 되었는데, 마침 거란도 고려와의 두 번째 전투에서 패한 후였으므로 고려와의 협상을 원하고 있었지.

　거란은 자신들이 고구려를 이어받은 나라이므로 옛 고구려 영토 전부를 거란에게 돌려줄 것과, 고려가 송나라와의 국교를 끊고 거란과 국교를 맺을 것을 요구했어. 하지만 서희는 이와 같은 거란의 주장을 또박또박 반박했어. 우선 고구려를 이어받은 나라는 거란이 아닌 고려로, 이는 고려라는 나라의 이름을 비롯하여 고구려의 수도가 지금 고려의 수도인 것을 보면 알 수 있으며, 고려가 거란과 국교를 맺지 못한 것은 여진족의 방해 때문이므로, 거란이 여진을 내쫓고 그 땅을 고려에게 준다면 고려는 거란과 국교를 맺을 것이라고 주장했지.

그러자 거란은 서희의 요구를 받아들이기로 하고, 군대를 물리면서 그에게 많은 선물을 주어서 돌려보냈어. 며칠 후 서희가 개경에 도착하자 성종은 나루까지 나와서 그를 맞았을 정도로 크게 기뻐했지. 그도 그럴 것이 만약 거란과 전쟁을 했다면 이긴다는 보장도 없었을뿐더러, 이긴다 하더라도 엄청난 피해를 입었을 것이 분명했기 때문이야. 서희 덕분에 거란과의 전쟁을 피했을 뿐 아니라 **강동 6주**(압록강 남쪽의 흥화진, 용주, 통주, 철주, 귀주, 곽주)까지 얻어 냈으니, 고려의 입장에서는 일석이조가 아닐 수 없었지. 다음 해에 고려는 강동 6주를 실제로 차지하고 그곳에 성을 쌓은 뒤 고려의 땅으로 만들었어. 덕분에 고려는 오랜 바람이었던 압록강까지 영토를 넓힐 수 있었단다.

거란의 2차 침입과 양규 장군

고려와 거란의 1차 전쟁이 끝난 뒤에도 두 나라 사이에는 여전히 긴장감이 맴돌고 있었어. 그 이유는 고려가 송나라와의 관계를 끊지 않았기 때문이야. 하지만 거란의 입장에서는 그 이유만으로 다시 고려에 쳐들어갈 수는 없었기에 그럴싸한 이유가 생기기를 기다리고 있었지.

그러던 중 목종이 나라를 다스리던 1009년, 고려에서 **강조**라는 장군이 반란을 일으켜 목종을 죽이고 현종을 왕으로 올린 사건이 발생해. 이 사건을 '**강조의 정변**'이라고 하지. 소식을 들은 거란의 성종은 현종이 즉위한 해인 **1010년** 11월, 반란을 일으킨 강조를 처벌하겠다는 구실로 고려로 쳐들어왔어. 이것을 '**제2차 고려-거란 전쟁**'이라고 해.

고려에서는 1차 전쟁 때와 마찬가지로 외교 협상을 통해 전쟁을 막아 보려고 노력하지만, 이번에는 성공하지 못했어. 거란의 목표는 처음부터 고려를 무너뜨리는 것이었기 때문이야.

하지만 1차 때와는 달리 이번에 고려는 전쟁에 대한 준비가 되어 있는

상태였어. 첫 번째 전투가 벌어진 **흥화진**에서는 **양규** 장군이 이끄는 고려군이 강력한 거란군에 맞서 싸워 흥화진을 무사히 지켜 냈어. 그러자 거란군은 작전을 바꾸어 병력의 절반을 개경 쪽으로 내려보내 개경을 공격하도록 한단다.

이어서 흥화진을 포기하고 남으로 내려가던 거란군 본대는 **통주**에서 강조가 이끄는 고려의 중심 부대와 전투를 벌였어. 그러나 거란군에 맞서 잘 싸우던 강조가 어느 순간 실수를 하면서 고려군은 크게 지고 만단다. 이 싸움에서 강조와 다수의 장군들이 죽었지만, 이보다 더 큰 일은 개경으로 내려가는 거란군을 막을 군대가 남아 있지 않다는 것이었어.

현종은 **강감찬**의 건의에 따라 일단 개경을 떠나 남쪽으로 피난을 떠났는데, 이후 거란군에게 점령된 개경은 크게 파괴되었어. 현종이 어쩔 수 없이 거란의 황제를 만나는 의식을 치르기로 약속하자, 거란군은 군대를 물리기 시작했지.

하지만 후방에 남아 있던 고려군은 철수하는 거란군을 쉽게 보내 주지 않았어. 특히 양규 장군의 활약상은 무척 대단했지. 양규 장군은 거란군의 병력 절반이 남쪽으로 내려가고 난 뒤, 병사 700명을 데리고 몰래 흥화진을 빠져나와 통주성으로 갔어. 그런 다음 병사 1,000명을 보충한 뒤 곽주성을 갑자기 공격하여 그곳에 진을 치고 있던 거란군 6,000명의 목을 베었지. 그리고 이듬해 1월에도 여러 곳에서 거친 전투를 벌여 거란군 6,500여 명을 죽이고, 포로로 잡혀 가던 고려 백성 3만여 명을 구해 냈다고 해. 이들이 한 달 동안 일곱 번의 전투를 벌였다고 기록되어 있는 것을 보면, 이러한 결과는 거의 쉴 틈 없이 전투를 치른 끝에 얻어 낸 것이었지.

하지만 양규 장군의 마지막은 거란군 본대의 공격을 받고 용감히 싸우다 전사하는 비극으로 끝나고 말아. 기록에 따르면 양규 장군이 적들의 화살을 맞아 마치 고슴도치 같은 모습이 되었다고 하는데, 이날의 전투가 얼마나 치열했는지를 알 수 있는 부분이야. 이렇게 제2차 고려-거란 전쟁은 양규 장군의 죽음과 함께 막을 내렸단다.

거란의 3차 침입과 귀주 대첩

거란과의 2차 전쟁이 끝났지만, 여전히 두 나라의 관계는 안정을 찾지 못했어. 고려의 현종이 병에 걸리는 바람에 거란에 가서 황제를 만날 수 없다고 했기 때문이야. 거란이 2차 전쟁을 끝내 준 조건을 고려 쪽에서 지키지 않은 것이지. 그러자 거란에서는 강동 6주라도 돌려달라고 요구했고, 고려는 절대 그럴 수 없다고 했지.

결국 거란은 강동 6주를 빼앗기 위해 또다시 군대를 앞세워 공격해 왔어. 하지만 고려도 전쟁에 대한 준비가 잘 되어 있었으므로 수차례에 걸친 거란의 공격에도 끄떡없었지. 이에 거란의 성종은 **1018년 12월, 소배압**에게 병사 10만을 내주어 고려로 다시 쳐들어가게 해. 이것이 바로 **제3차 고려-거란 전쟁**이야.

고려에서는 **강감찬**을 상원수로, 강민첨을 부원수로 삼아 20만 대군으로 거란군에 맞섰어. 그리고 첫 전투를 치른 흥화진에서 강감찬은 큰 승리를 거두었단다. 하지만 거란군은 이에 아랑곳하지 않고 그대로 개경

쪽으로 군사를 몰아 다음 해 1월, 개경 밖 100리까지 전진해 왔어. 이에 현종은 개경 주변의 백성들을 모두 성안으로 피신시키고 들판의 곡식을 모두 불태워 거란이 식량을 얻지 못하게 하는 작전을 펼쳤지. 거란군은 고려의 대비 태세도 살필 겸 기병 300명을 몰래 황해도 강음의 금교역 쪽으로 보냈지만, 고려군에 크게 패배한단다.

▲ 강감찬 장군 사적비

고려군에 계속해서 패배한 거란군은 더 이상 버티지 못하고 군대를 물리기로 결정했어. 하지만 이번에도 고려의 장군들은 후퇴하는 적을 가만히 놓아두지 않았지. 거란군이 **귀주**에 도착했을 때 그곳에는 이미 고려군이 기다리고 있었고, 고려군과 거란군은 운명을 건 한판 승부를 벌이게 돼.

결국 그날 고려군에 죽거나 사로잡힌 거란군 포로는 셀 수 없을 정도로 많았고, 압록강을 건너 거란으로 돌아간 군사는 수천 명에 불과했다고 해. 이렇게 후퇴하는 거란군을 상대로 고려군이 귀주에서 큰 승리를 거둔 전투를 '**귀주 대첩**'이라고 부른단다.

9

전쟁 후에 찾아온 평화

　세 번에 걸친 고려-거란 전쟁은 고려의 주변 나라들에 상당한 영향을 끼쳤어. 일단 고려는 당시 강대국이던 거란과의 전쟁에서 이김으로써 엄청난 자신감을 가질 수 있었지. 전쟁 후에 세워진 '**현화사비**'의 비문에 따르면, 이후 거란에서 고려로 여러 번 사신을 보내 화해를 청했고 덕분에 백성들은 무기를 버리고 편안히 살 수 있게 되었다고 해. 그런데 전쟁 후 고려에서도 거란에 사신을 자주 보내 그들을 달랬던 것을 볼 때 위 비문의 내용은 절반만 사실이라고 할 수 있겠지. 어쨌든 거란의 요청으로 고려가 전쟁을 끝낸 것이라는 내용이 새겨진 것을 보면 고려가 거란을 상대로 자신감을 드러낸 것임을 알 수 있단다.

　또한 세 번의 전쟁을 통해 얻은 가장 중요한 소득은 거란이 그 이후 두 번 다시 고려에 쳐들어오지 못했다는 거야. 중국의 기록에 따르면, 3차 전쟁 패전 후 거란이 고려를 두려워하여 함부로 공격하지 못했다고 해. 실제로 거란의 성종은 또다시 고려와 전쟁을 벌이고 싶어 했지만, 신하들의 극심한 반대로 뜻을 이루지 못했어. 이는 당시 거란 사람들이 고려의 군사력을 얼마나 무서워했는지 알 수 있는 부분이란다.

그렇다면 중국은 고려를 어떻게 생각하고 있었을까? 당시 중국에 있던 송나라는 군사력이 약해서 거란에게 종종 괴롭힘을 당하고 있었어. 그런데 이웃 나라인 고려가 거란과의 전쟁에서 이기자, 그때부터 송나라는 고려와 친하게 지내야겠다고 생각했지. 만약 거란이 다시 송나라를 공격한다면 고려가 그들을 도와줄 수도 있을 테니 말이야.

이렇게 고려-거란 전쟁 이후 고려, 거란, 송, 이 세 나라 사이에는 한동안 평화가 유지된단다. 고려는 이 기간 동안 **문화**를 꽃피우고 나라를 더 발전시킬 수 있었지.

천년의 아름다움, 고려청자

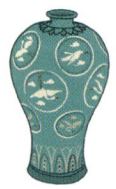

고려의 예술적 경향은 조선과는 달리 **화려함**을 추구했어. 유교 사대부에 기반을 둔 조선 사회의 예술적 경향이 소박하고 검소했다면, 고려는 귀족 사회답게 화려하고 사치스러운 것을 좋아했지.

그렇다면 고려를 대표하는 예술품에는 뭐가 있을까? 다양한 것들을 생각할 수 있겠지만, 아마 많은 사람이 **고려청자**를 떠올릴 거야.

청자란, 청록색 계열의 빛깔을 띠는 도자기를 말해. 중국에서 처음 만들어진 청자는 삼국 시대에 우리나라로 전해졌는데, 고려 시대부터 직접 만들게 되었단다. 고려청자 하면 영롱한 비취색을 떠올리는 경우가 많겠지만, 처음부터 그런 색깔을 낼 수 있었던 건 아니야. 초기의 청자들을 보면 색깔이 황토색에 가까운 것들도 많거든. 그러다가 차츰 우리가 알고 있는 비취색에 가까워진단다. 또 12세기경에 이르러 **상감 기법**을 도입한 청자가 만들어지는데, 매우 정교하고 화려해서 고려 시대 미술품의 대표적인 걸작으로 꼽히고 있지. 여기서 상감 기법이란, 도자기의 형태를 만든 후 완전히 마르기 전에 표면을 파내어 홈을 만든 다음, 그 홈에 색깔이 다른 흙을 넣어 무늬를 만드는 방법을 말해. 상감 기법 자체가 고려만의 독특한 기술은 아니었지만, 고려는 이 기법을 도자기에 많이 적용했단다.

이렇듯 고려 시대부터 최고급품으로 국제적인 인기를 얻었던 고려청자는 오늘날에도 여전히 세계 도자기 역사에서 빼놓을 수 없는 명품으로 그 가치를 인정받고 있어. 남송의 태평노인은 자신의 저서인 《수중금》에서 천하 명품의 예를 들며 그중 하나로 고려청자를 꼽고 있단다.

그렇다면 고려청자는 병으로만 사용되었을까? 화려함을 추구한 고려 사람들은 고려청자를 생활 곳곳에서 여러 가지 쓰임새로 활용했어. 꿀이

▲ 청자 상감 매죽학문 매병

▲ 청자 상감 모란당초문 표형 주자

나 참기름, 물을 담을 때 사용했던 매병을 비롯해 향로, 주전자, 베개, 의자, 붓꽂이, 심지어 지붕에 얹는 기와로도 사용했지.

아래 사진은 다양한 고려청자들이야. 천천히 감상하다 보면 고려 사람들이 추구한 멋을 느낄 수 있을 거란다.

▲ 청자 투각 칠보무늬 향로

▲ 청자 투각 용머리장식 붓꽂이

▲ 청자 상감 모란 구름 학무늬 베개

▲ 청자 상감 모란무늬 항아리

 상감 청자는 어떻게 만드나요?

상감 청자는 이렇게 만들어져요

첫 무늬를 조각해요

밝은색 흙을 발라요

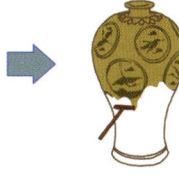
밝은색 흙을 긁어내요

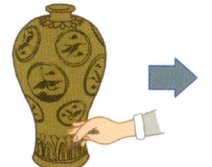
추가 무늬를 조각해요

어두운색 흙을 발라요

어두운색 흙을 긁어내요

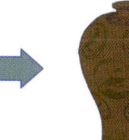
초벌구이를 해요

유약을 바른 뒤 한 번 더 구워요

상감 청자로 탄생!

▲ 청자 상감 운학모란국화문 매병

고려 시대에는 남녀가 평등했을까?

유교 문화권인 우리나라는 오늘날에도 여전히 **가부장제**가 남아 있어. 가부장제란 남성, 즉 아버지가 집안의 중심이 되어 가족에 대한 지배권을 행사하는 가족 제도야. 이렇게 남성이 중심이 되다 보니 집안에서도 여아보다는 남아를 더 선호하게 되었고, 또 자연히 여자에 비해 남자에게 더 큰 권리가 주어졌단다.

우리나라에 가부장제가 확고하게 자리를 잡은 시기는 조선 시대 후기 즈음으로 볼 수 있어. 조선 후기에 사회 질서를 바로잡는다는 이유로 유교 사상을 강조하다 보니, 가부장제와 **여성 차별**이 아주 심해졌거든.

그렇다면 유교가 아직 생활 구석구석에 뿌리내리지 않은 고려 시대에 여성들의 삶은 어땠을까? 조선 시대와 아주 많이 달랐을까?

우선 고려 시대에는 여성과 남성 사이에 **상속의 차별**이 없었어. 실제로 재산 상속 문제와 관련하여 맏아들이나 남성만을 존중하는 문화는 존재하지 않았단다. 고려 시대에는 모든 자녀가 공평하게 부모의 재산을 나누어 상속받았거든. 그렇다면 각각의 자녀들이 짊어진 의무도 모두 같았을까? 물론이야. 권리와 의무는 항상 함께 가야 하거든. 이를 테면 부모님의 제사 비용 같은 경우도 아들과 딸이 공평하게 부담했어.

결혼 생활과 관련해서도 많은 것들이 달랐어. 조선 시대에는 여성의 재혼이 사실상 금지되었지만, 고려 시대에는 여자가 먼저 **이혼을 요구**할 수 있었고 **재혼**도 얼마든지 가능했지.

이처럼 고려 시대에는 여성들의 권리가 생각보다 강했어. 그렇다고 고려 시대에 여성 차별이 완전히 없었다고는 말할 수 없지만, 조선 시대 때보다는 훨씬 나았다고 볼 수 있단다.

12 윤관, 여진족을 정벌하다

 귀주 대첩으로 거란과의 전쟁에서 승리한 고려는 이후 11세기 말까지 약 100년간 평화로운 시기를 보냈어. 고려, 거란, 송, 이렇게 세 나라는 서로 세력의 균형을 이루며 누구도 평화를 깨뜨릴 생각을 하지 않았지. 그런데 11세기 말, '완안부'라고 불리는 여진의 한 부족이 점차 세력을 넓혀 가면서 이 평화에 균열이 생기기 시작한단다.

 고려 숙종 때인 1104년, 완안부의 새 지도자가 된 오아속이 반대 세력을 공격하는 과정에서 자신의 군대를 고려의 국경 근처인 정주의 성문 밖에 머무르게 하는 일이 발생했어. 고려는 이를 자신들에 대한 공격 의사로 받아들이고 임간이라는 관리를 파견했지. 그런데 임간이 신중하지 못한 작전을 펼치는 바람에 고려군은 대패하고 말아. 고려 조정에서는 다시 윤관을 파견하는데, 이때 고려군은 여진족 30여 명의 목을 베며 잘 싸우는 듯하다가 고려군의 절반을 잃는 등 역시 여진족과의 전쟁에서 지고 말았지.

북방의 강대국인 거란을 이겼다는 자부심을 가지고 있던 숙종과 고려 조정은 이 소식을 듣고 크게 당황했어. 그래서 여진족에 패배한 이유를 찾기 시작했지. 이 과정에서 직접 군대를 이끌고 여진족과 싸운 경험이 있던 윤관은 주로 걷거나 뛰면서 싸우는 보병으로 이루어진 고려군이 말을 타고 이동하며 싸우는 기병 중심의 여진족을 상대하기란 거의 불가능하다며, 여진에 맞서 싸울 특별한 군대를 만들자고 건의했어. 결국 숙종은 윤관의 뜻을 받아들여 '**별무반**'이라는 특수한 군대를 만들었단다. 별무반은 크게 기병으로 이루어진 **신기군**, 보병으로 이루어진 **신보군**, 승병(승려들로 조직된 군대)으로 이루어진 **항마군**으로 구성되었으며, 그 외에도 전통 활을 쓰는 부대, 기계식 활을 사용하는 부대, 기습 부대, 화공 부대 등도 있었지.

　고려는 여진족을 혼내 주기 위해 모든 국력을 총동원해 별무반을 훈련

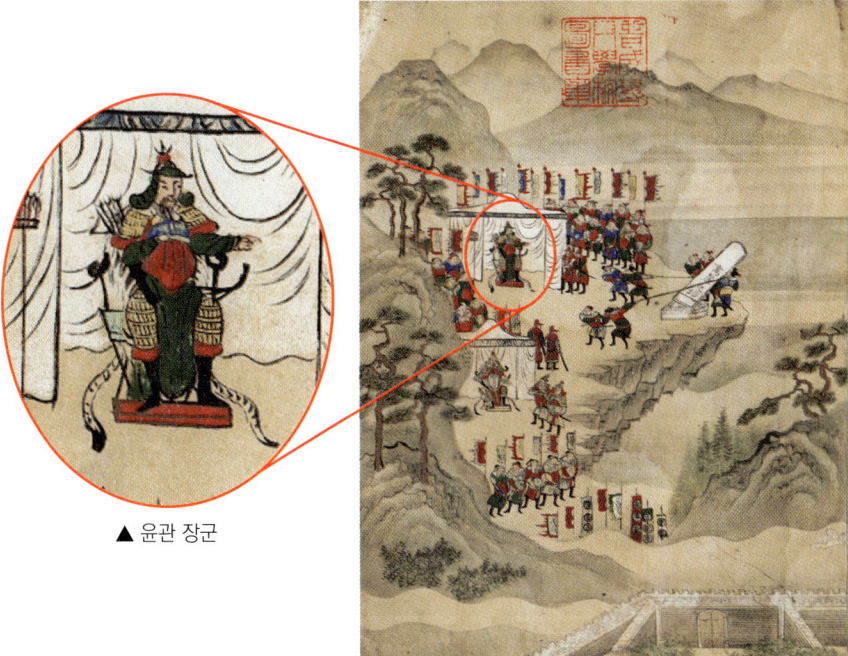

▲ 윤관 장군

▲ 〈척경입비도〉(고려 국경을 표시하는 비석을 세우는 모습)

시켰어. 그리고 1107년, 모든 준비를 마치고 드디어 여진족 정벌에 나섰지. 윤관을 총사령관으로 한 고려군의 병사 수는 총 17만 명이었어.

전투는 고려군의 일방적인 승리였어. 고려는 새로 점령한 여진의 땅에 아홉 개의 성을 쌓았는데, 이를 '**동북 9성**'이라고 해. 그리고 이곳에 고려 백성 7만 5,000여 가구를 옮겨 살게 했단다. 동북 9성 중 가장 북쪽에 있었던 **공험진**에는 고려 국경을 표시하는 비석을 세우기도 했어.

하지만 이 동북 9성은 성과 성 사이가 너무 멀었고, 여진의 땅 너무 깊숙이 들어와 있었기에 방어가 쉽지 않아 2년여 만에 여진에 다시 돌려주어야 했단다.

이자겸의 난과 묘청의 난

　1126년, **고려 제17대 왕 인종**의 외할아버지이자 장인인 **이자겸**이 난을 일으켰어. 대체 왕의 장인이 왜 반란을 일으킨 걸까? 그 이유는 인종이 이자겸을 죽이려 했기 때문이야.

　이자겸의 집안인 경원 이씨는 당시 수 대에 걸쳐 왕비가 나온 집안으로 엄청난 권력을 누리고 있었어. 특히 이자겸은 숙종이 죽은 후 어린 인종이 왕위에 오를 수 있게 도운 데다가, 자신의 두 딸을 인종의 왕비로 들임으로써 왕보다 큰 권력을 누리던 인물이지. 그러나 인종의 입장에서는 이자겸 덕택에 자신이 왕위에 오르긴 했지만, 자기 마음대로 권력을 휘두르는 그를 더 이상 두고 볼 수가 없었어. 그래서 인종은 신하 몇 명과 몰래 계획하여 이자겸과 그의 측근인 **척준경**을 제거하기로 결심했단다.

　이를 알게 된 이자겸과 척준경은 무리를 이끌고 궁궐로 쳐들어갔어. 심지어 척준경이 궁궐을 불태우기 시작하자, 인종은 겁에 질려 이자겸에게 왕위를 물려주겠다는 선언까지 하고 말지. 하지만 이자겸은 스스로

왕이 되지는 못하고, 다만 인종을 가두어 둔 다음 그를 조종하려는 계획을 세웠단다. 과연 인종은 이 심각한 위기 상황을 벗어날 수 있었을까?

다행히 인종은 의외로 가까운 데에서 살길을 찾을 수 있었어. 그는 척준경과 이자겸의 사이를 멀어지게 한 후, 척준경을 이용해 이자겸을 제거하고 다시 왕이 될 수 있었지. 하지만 궁궐은 이미 불에 타 버린 상태였고, 이자겸이 금나라(여진족의 나라)에 앞으로 고려가 신하의 나라로서 섬기겠다는 약속까지 해 버린 후였어. 인종은 추락한 왕실의 권위와 고려의 명예를 어떻게든 회복해야만 했단다.

바로 이런 상황에서 인종의 앞에 **묘청**이라는 승려가 나타났어. 그는 서경(평양)으로 수도를 옮기기만 하면 금나라를 포함한 사방의 모든 나라가 고려에 머리를 숙이게 될 거라고 주장했지. 이렇게 묘청을 중심으로 도읍을 개경에서 서경으로 옮기려 한 운동을 '**서경 천도 운동**'이라고 해.

서경으로 수도를 옮기는 일은 순탄히 진행되는 것처럼 보였으나, 이후 이를 반대하는 신하들이 강력하게 항의하는 등 여러 가지 이유로 결국 이루어지지 못했어. 그러자 묘청은 1135년 서경에서 반란을 일으켰는데, 이를 '**묘청의 난**'이라고 해. 묘청의 난은 1년 넘게 지속되다가 이듬해에 **김부식** 등에 의해 끝이 났단다.

 이자겸의 난과 묘청의 난을 자세히 들여다보면, 이는 고려 귀족 집단 내부에서 권력을 둘러싸고 일어난 사건임을 알 수 있어. 거란 전쟁 이후 문화를 꽃피우며 착실하게 발전해 온 고려에도 여러 가지 문제가 쌓이면서 결국 그것이 반란으로 나타난 것이지. 하지만 고려는 이보다 더한 일들을 겪으면서 서서히 멸망의 길로 접어들고 마는데, 과연 고려에는 어떤 큰일이 생기는 걸까?

1170년 무신 정변.

1198년 만적의 난.

1236년 팔만대장경 제작 시작.

1231년 몽골의 1차 침입.

1270년 무신 정권의 몰락과 개경 환도.

1351년 공민왕 즉위.

1356년 공민왕, 기씨 가문 세력을 제거함.

고려 시대 후기

1170년 ~ 1392년

1377년 최무선의 건의로 화통도감 설치.

1388년 위화도 회군.

1392년 조선 건국.

1

무신 정변이 일어나다

12세기 무렵의 고려는 그동안 쌓여 왔던 나라 안의 문제들이 폭발한 시기였어. 이자겸의 난과 묘청의 난이 일어난 시기도 바로 이 무렵이었지. 그런데 이 두 번의 반란이 모두 귀족과 관련된 사건이라면, 귀족이 아닌 사람들 중에도 나라 안의 문제로 커다란 고통을 당하는 이들이 있었어. 그들은 바로 **무신**이었지.

무신이란, **다른 나라의 침략에 대비해 나라를 지키는 일을 하는 직업 군인**을 말해. 원래 무신은 문신과 더불어 강한 세력을 가진 계급이었어. 하지만 고려에서 무신은 문신과 같은 대우를 받지 못했지. 예를 들면 문신은 종1품의 관직까지 오를 수 있었던 반면, 무신은 최고로 오를 수 있는 관직이 정3품에 지나지 않았어. 또한 군의 최고 사령관은 대부분 문신들이 맡았는데, 벼슬이 높은 무신들 가운데에는 귀족 출신이 아닌 사람들도 있었기 때문에 문신은 은근히 무신을 차별했지. 또한 무신은 전쟁 외에도 왕을 지키거나 일 때문에 자주 돌아다녀야 하는 등의 이유로 밥도 제대로 먹지 못하는 경우도 있었어.

　이렇게 오랜 세월 동안 무시를 당해 온 무신들의 불만은 쌓일 대로 쌓인 상태였어. 그러던 1146년, **제18대 왕 의종**이 왕위에 올랐어. 하지만 의종은 나랏일은 뒷전이고 오로지 놀고 즐기는 데만 관심을 쏟았고, 이 때문에 나라를 위한 일이 아닌 왕의 개인적인 즐거움을 위해 일해야 했던 무신들의 불만은 날로 커져만 갔지. 왕과 문신들이 서로 지켜야 할 예의를 잊을 정도로 밤낮으로 즐기는 동안, 무신들은 비바람을 무릅쓰고 왕과 문신들을 지키며 먼 길을 오가야 했거든. 게다가 1167년에는 의종이 사소한 일을 문제 삼아 수많은 무신을 귀양 보낸 적도 있었어. 이렇게 오랜 세월 동안 모진 대우를 받아 오던 무신들의 인내심은 점점 한계에 다다르고 있었단다.

　1170년 8월 30일, 이날도 문신들과 함께 하루 종일 먹고 마시며 즐기고 있던 의종은 고생하는 무신들을 위로하고자 무술 대회를 열었어. 그

런데 당시 나이 많은 장수였던 **이소응**이 젊은 상대와 겨루다가 힘에 부쳐 결국 자리를 벗어나자, 젊은 문신이었던 **한뢰**가 이소응에게 다가가 뺨을 후려친 거야. 이를 본 문신들과 왕은 손뼉을 치며 좋아했지만, 무신들의 표정은 일그러졌지.

바로 그날, 해가 저물고 왕이 '보현원'이라는 곳에 들어가려고 할 때 무신들의 행동이 시작되었어. 무신들은 왕을 따라왔던 문신과 환관들의 대다수를 칼로 베었고, 그 즉시 왕궁으로 달려가 그곳에 있던 문신들도 눈에 띄는 대로 죽였어. 이 사건을 **'무신 정변'**이라고 해. 무신들은 9월 2일에 의종을 거제로, 태자를 진도로 귀양 보낸 뒤 의종의 동생을 왕으로 삼았는데, 그가 바로 **명종**이야. 이때부터 본격적인 100년 무신 정권의 막이 오른단다.

민란이 발생하다

1170년에 반란을 일으켜 성공한 무신들은 정권을 완전히 손에 쥐게 되었어. 하지만 그 후부터는 서로가 더 큰 권력을 차지하기 위해 자기들끼리 싸움을 벌였지. 이들은 짧게는 4년, 길게는 14년 동안 서로 죽고 죽이는 일을 반복하기에 이르렀어. 그렇게 무신 정권은 **이의방**, **정중부**, **경대승**, **이의민**, **최충헌**(최씨 가문), **김준**, **임연**, **임유무**의 순서로 권력을 차지하면서 1270년까지 무려 100년 동안 이어진단다.

그런데 안타깝게도 정권을 잡은 무신들은 서로 자기 욕심만 챙기느라 백성을 너무 힘들게 했어. 이의민의 경우에는 뇌물을 받고 벼슬을 파는 것은 기본이었고, 백성들의 땅과 집을 빼앗는 짓을 반복했어. 심지어 그의 두 아들은 그보다 더 나쁜 짓을 저지르고 다녔지. 최고 통치자가 이렇다 보니 백성들의 형편은 더더욱 나빠질 수밖에 없었고, 결국 참다못한 백성들이 들고일어났는데, 이를 '**민란**'이라고 한단다.

당시에 일어난 최초의 민란은 제19대 왕 명종 때인 **1176년**에 벌어진

망이·망소이의 난이야. 이들이 공주의 명학소라는 곳에 살았으므로 '공주 명학소의 난'이라고도 해.

한편 조정에서는 군대를 보내 이 난을 진압하려 했지만, 도리어 백성들에게 크게 패하는 바람에 결국 싸움을 멈추고 협상을 하기로 했어. 조정과 백성 사이의 협상은 잘 진행되는 듯 보였지만, 얼마 지나지 않아 백성들은 조정이 약속을 지키지 않았다며 다시 들고일어났지. 그러나 이듬해인 1177년, 결국 백성들은 조정에서 보낸 군대의 공격에 무릎을 꿇고 만단다.

우리가 살펴보아야 할 또 하나의 민란은 제20대 왕 신종 때인 1198년에 일어난 만적의 난이야. 만적은 당시 최고 권력자였던 최충헌의 집에서 일하던 노비로, 고려의 수도인 개경에서 자신과 같은 노비를 비롯하여 신분 때문에 고통받는 사람들을 모아 그들의 주인을 죽이고 무신 정권을 뒤엎으려 했어. 그러나 동료 노비의 배신으로 이 난은 실패로 돌아갔지. 만적의 난은 노비들이 **신분 해방**이라는 뚜렷한 목표를 가지고 계획적으로 움직였다는 데 큰 의미가 있는 사건이었단다.

이처럼 무신 정권 당시 수많은 민란이 발생했는데, 이는 백성들의 삶이 얼마나 힘들었는지를 보여 주는 증거란다.

▲ 명학소 민중 봉기 기념탑

3

몽골, 고려를 침략하다

무신들이 고려를 다스리던 무렵, 몽골에서는 테무친이라는 사람이 여러 부족을 통일하고 1206년 **칭기즈 칸**에 오르며 본격적인 정복 전쟁을 시작했어. 그 결과 몽골군에 쫓긴 거란의 군대가 압록강을 넘어 고려로 들어오는데, 고려는 몽골군과 힘을 합쳐 강동성으로 숨어 들어간 거란군을 무찌른단다. 이 일을 계기로 몽골은 고려와 1219년에 **형제의 약속**을 맺고, 고려에 정기적으로 사신을 보내기도 하지.

그러던 1225년, 고려에 왔던 몽골 사신 **저고여**가 몽골로 돌아가다가 죽임을 당하는 일이 벌어졌는데, 이를 핑계 삼아 몽골은 제23대 왕 **고종** 때인 **1231년**에 고려로 쳐들어온단다. 고려와 몽골 간의 40년 전쟁이 시작된 순간이었지.

1231년 8월에 시작된 몽골의 **1차 침입**은 고려 조정에서 많은 공물(지배를 당하는 나라가 지배하는 나라에 바치는 물건)을 바치기로 약속하면서 이듬해 1월에 겨우 끝이 났어. 하지만 몽골은 군대를 물리면서 자신들이 차지한 고려의 북쪽 지방 땅을 관리하기 위해 **다루가치**(고려 지역에 두었던 몽골의 벼슬) 72명을 남겨 두고 가는데, 이들은 땅만 관리한 것이 아니라 고려의 정치에 관여하기도 했단다.

이렇게 가까스로 몽골과의 전쟁을 마무리한 고려의 무신 정권은 수도를 강화도로 옮길 계획을 세웠어. 수도를 옮기는 데 반대하는 의견도 있었지만, 당시 권력을 쥐고 있었던 무신 **최우**가 강제로 밀어붙였지. 그런데 그 후 몽골은 고려를 다섯 차례나 더 침략하고 말아.

전쟁이 자주 반복되자, 고려 내부에서는 몽골에 항복하자는 의견이 점점 힘을 얻기 시작했어. 그리하여 1259년, 고려는 몽골에 항복하고 1270년에 강화에서 **개경**으로 다시 수도를 옮긴단다.

4

스님이 몽골군을 물리치다

몽골이 고려에게서 공물을 바치겠다는 약속을 받아 낸 후 군대를 물리자, 고려의 무신 정권은 자신들의 권력을 지키기 위해 1232년 7월 강화도로 수도를 옮겼어. 그러자 몽골은 이를 핑계로 1232년 8월에 **살리타**를 앞세워 **2차 침입**을 시작했지. 그런데 이때 살리타가 이끄는 부대는 한반도 북부 지방에 머물고 다른 부대는 남쪽으로 내려갔는데, 이들이 당시 부인사에 보관 중이던 **초조대장경**을 불태우고 말아.

그해 10월경 남쪽으로 내려가기 시작한 살리타는 한양산성을 함락시킨 후, 11월 처인부곡에 다다랐어. 당시 처인부곡 주민들은 지역의 중심에 위치한 처인성 안으로 피신해 있었는데, 근처 절의 스님이었던 **김윤후**도 주민들과 함께 성안에 있었지. 김윤후는 몽골군이 공격해 오자 주민들과 힘을 합쳐 성을 지켰을 뿐 아니라, 활로 적의 장수 살리타를 쏘아 죽이기까지 했단다. 대장을 잃은 몽골군은 고려에서 군대를 물리기로 결정했고, 이로써 몽골의 2차 침입도 끝이 났어. 고려 조정은 몽골군을 물

러나게 하는 데 크게 이바지한 처인부곡 주민들과 김윤후의 공을 인정하여 처인부곡을 처인현으로 승격시켰고, 김윤후에게는 정6품의 벼슬을 내렸단다.

하지만 이후에도 몽골의 침략은 계속되었어. 1253년 몽골이 다섯 번째로 고려에 쳐들어왔을 때, 당시 충주성을 지키는 군대의 지휘관은 바로 김윤후였지. 이때 김윤후가 70여 일 동안 몽골군의 공격을 잘 막아 낸 덕분에 몽골 부대는 충주에 발이 묶인 채 더 남쪽으로 내려갈 수 없었단다. 김윤후는 몽골군과의 싸움이 한창일 때 먹을 것이 부족해 백성과 군사의 사기가 떨어지자, 노비 문서를 불태우고 몽골군에게서 빼앗은 말과 소를 나누어 주어 그들의 사기를 높였다고 해.

결국 김윤후가 지키는 충주성이 쉽게 뚫리지 않자, 몽골군은 군사를 돌려 자기 나라로 돌아갔단다.

5

위대한 유산, 팔만대장경

    1232년 몽골의 2차 침입 때, 부인사에 있던 초조대장경이 불에 타 버렸어. 초조대장경은 현종 때 고려로 쳐들어온 거란을 부처님의 힘으로 쫓아내자는 뜻으로 만든 **우리나라 최초의 대장경**이었기에, 이 소식을 들은 고려 사람들은 큰 충격에 빠질 수밖에 없었지. 고려 조정은 다시 대장경을 만들기로 결정하고, 1236년 강화도의 선원사와 1243년 남해에 각

▲ 팔만대장경이 보관되어 있는 장경판전 내부

각 임시 관아를 설치하여 글자 새기는 일을 담당하게 했어. 이렇게 만들어진 대장경을 다시 만든 대장경이라는 뜻에서 '재조대장경', 혹은 고려에서 만들었다고 해서 '고려대장경'이라고 불러. 하지만 가장 일반적으로는 대장경을 새긴 판의 수가 8만여 개에 이른다는 의미로 **'팔만대장경'**이라고 부른단다.

그런데 대장경이란 과연 뭘까? 대장경은 **불교의 가르침을 전하는 경전들을 모아 놓은 것**을 뜻해. 과거에는 우리나라 말고도 중국, 금나라, 요나라, 원나라, 일본에서도 대장경을 만들었지.

그렇다면 팔만대장경은 어떤 특징을 가지고 있을까? 팔만대장경은 판의 수가 8만 1,258매에 달하는 어마어마한 양임에도 잘못 쓴 글자나 빠진 글자가 상대적으로 적고, 마치 한 사람이 새긴 것처럼 글씨체가 일정

하며 매우 아름답다는 특징이 있어. 그리고 오늘날 존재하는 대장경 가운데 가장 오래된 것이기도 하지.

 1251년, 마침내 팔만대장경이 완성되었어. 고종과 신하들은 강화도의 선원사에 모여 대장경의 완성을 축하하는 의식을 열었지. 이후 팔만대장경은 고려가 망할 때까지 강화도에 보관되다가, 조선이 세워진 뒤 **합천 해인사**로 옮겨 지금까지 보관되고 있단다.

똑똑한 팁 — 팔만대장경을 600년 동안 지켜 왔다고?

팔만대장경은 유네스코 세계기록유산으로 등재되어 있어. 그런데 팔만대장경과 관련한 세계문화유산이 하나 더 있는데, 그건 바로 대장경을 보관하고 있는 장경판전이란다. 나무로 만든 대장경은 잘못하면 썩거나 망가지기 쉬운데, 지금까지 온전한 상태로 보관될 수 있었던 건 과학적으로 아주 잘 지어진 장경판전 덕분이지. 무려 600년 동안이나 팔만대장경을 아무 탈 없이 지켜 주다니, 정말 대단하지 않아?

세계에서 가장 오래된 금속 활자

1972년, 프랑스에서 세계를 떠들썩하게 만든 일이 일어났어. 당시 프랑스 국립 도서관에서 일하던 박병선 박사가 **구텐베르크 성서**보다 오래된 금속 활자 인쇄본이 있다고 주장한 거야. 그 전까지는 **1455년경** 독일의 구텐베르크가 만든 **금속 활자**로 인쇄한 성서가 가장 오래된 금속 활자 인쇄본으로 알려져 있었는데, 그보다 훨씬 이전에 동방의 한 작은 나라인 고려에서 금속 활자가 만들어졌다니, 서양 사람들은 그 말을 좀처럼 믿을 수가 없었지.

《**직지심경**》이라고도 부르는 《**직지심체요절**》은 1377년 지금의 청주에 있는 흥덕사에서 금속 활자로 인쇄된 책이야. 구텐베르크 성서가 1455년에 나왔으니, 그보다 78년이나 앞

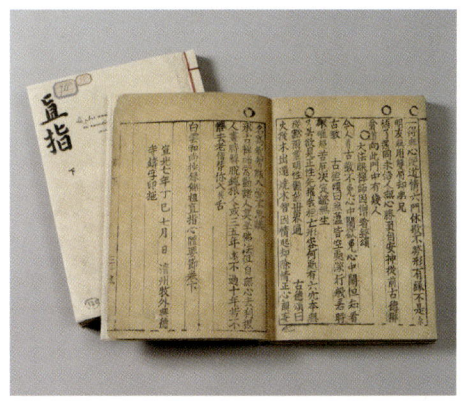

▲《직지심체요절》

섰던 셈이지. 하지만 기록에 따르면 고려 금속 활자의 시작은 《직지심체요절》보다 한참 더 거슬러 올라가야 해. 이규보의 《동국이상국집》에 무신 **최우**의 명령으로 1234년에서 1241년 사이에 금속 활자로 **《상정고금예문》**이라는 책을 펴냈다는 기록이 있거든. 물론 이 책은 지금 전해지지 않고 있지만, 만일 어딘가에서 발견된다면 금속 활자 인쇄술의 역사는 구텐베르크 성서보다 약 200년 이상 빨라질 수도 있단다.

그런데 안타까운 건 이렇게 위대한 문화유산이 지금 우리나라에 없다는 점이야. 그렇다면 과연 어디에 있을까? 《직지심체요절》은 현재 **프랑스 국립 도서관 특별 서고**에 보관되어 있어. 흔히 사람들은 프랑스가 1866년 병인양요 때 외규장각 도서를 훔쳐 가면서 《직지심체요절》도 함께 가져간 거라 생각하는데, 그건 사실이 아니야. 《직지심체요절》은 1800년대 말, 당시 우리나라의 프랑스 외교관이었던 콜랭 드 플랑시가 구입해 가져간 것이어서 프랑스가 우리나라에 외규장각 문서를 돌려줄 때 함께 돌려받지 못한 거란다.

〈금속 활자 제작 과정〉

글자본 정하기
원하는 글자체를 정해서 종이에 글씨를 쓴다.

어미자 만들기
양각으로 글자를 새긴 뒤 실톱으로 자른다.

쇳물을 부어 활자 만들기
거푸집에 쇳물을 부어서 활자를 만든다.

활자 떼어 내기
쇳물이 식으면 거푸집에서 활자를 꺼낸 뒤 떼어 낸다.

활자 배열
동판 위에 글자를 올려서 배열하고, 먹물을 묻혀서 종이에 인쇄한다.

똑똑한 팁 세계에서 가장 오래된 목판 인쇄본은?

1966년, 경주 불국사의 석가탑을 손보는 과정에서 발견된 《무구 정광 대다라니경》이야. 8세기 초에 만들어진 세계에서 가장 오래된 목판 인쇄물이지. 총길이 620센티미터의 두루마리 형태로 된 책으로, 발견 당시 상태가 좋지 않으나 원래의 상태로 되돌리는 데 성공했어. 이로써 우리나라는 세계에서 가장 오래된 목판 인쇄물과 금속 활자 인쇄물을 모두 가진 나라가 되었단다.

7 고려의 항복과 삼별초의 난

몽골과의 전쟁이 30년 가까이 이어지자, 고려는 그야말로 쑥대밭이 되었어. 특히 고려 군사의 대부분이 강화도에 있었기 때문에 백성들은 스스로 몽골군과 싸워야 했지. 이렇게 백성들이 고통받자, 고려 조정에서는 하루빨리 방법을 마련해야만 했어.

그때, **김준**이라는 무신이 당시 최씨 정권의 우두머리였던 최의를 죽이고 60여 년 동안 이어져 오던 최씨 정권을 무너뜨리는 사건이 발생해. 그러자 고려 내부에서는 이제 그만 몽골과의 전쟁을 멈추고 평화를 되찾아야 한다는 의견이 여기저기서 터져 나왔어. 결국 고려 조정은 몽골과 이를 의논하기 위해 훗날 **고려 제24대 왕 원종**이 되는 태자 **왕전**을 몽골에 보낸단다.

몽골이 고려 쪽에 요구한 조건은 두 가지였어. **고려 왕이 직접 몽골에 와서 항복하고, 수도를 다시 개경으로 옮기라는 것**(개경 환도)이었지. 첫 번째는 왕 대신 태자가 가는 것으로 조건을 바꾸었지만, 두 번째는 그로

부터 10여 년 뒤에나 실행할 수 있었어. 권력을 잃게 될 것을 두려워한 무신들이 계속 강화도에 머무르려 했기 때문이야. 결국 개경 환도는 원종과 신하들이 몽골을 끌어들여 무신 정권을 완전히 무너뜨린 후에야 가능했지. 이로써 1170년에 일어난 무신 정변을 시작으로 약 100년간 계속된 무신 정권은 1270년에 완전히 끝이 났단다.

고려 조정이 몽골에 항복하고 개경 환도를 결정하자, 무신 정권의 사병이면서 몽골과의 전투에 앞장섰던 **삼별초**가 이 결정을 강하게 반대했어. 보다 못한 원종이 삼별초를 없애겠다고 선언하였고, 삼별초는 다른 왕족을 새로운 왕으로 세운 뒤 반란을 일으켰단다. 그들은 강화도에서 진도로 활동 무대를 옮겼지만, 진도가 고려와 몽골 연합군의 공격을 받자 다시 제주도로 옮겨 갔어. 그러나 그곳에서도 고려 몽골 연합군에 크게 패하면서 반란을 일으킨 지 3년 만에 삼별초의 난은 실패로 끝이 났지.

8

원나라, 고려에 간섭하다

    1259년, 고려의 태자 왕전이 몽골에 항복하러 갔을 무렵의 일이야. 왕전이 몽골에 도착했을 때, 몽골의 황제가 갑자기 죽는 바람에 황제의 자리가 비게 되었어. 그리하여 이러지도 저러지도 못 하는 처지가 된 왕전은 당시 동생과 황제 자리를 놓고 다투고 있던 **쿠빌라이**를 찾아갔지.

    쿠빌라이의 입장에서는 고려의 태자가 생각지도 않게 자신을 찾아와 항복의 뜻을 전하니 기뻐할 수밖에 없었어. 마침 그해에 고려의 왕이었던 고종이 세상을 뜨자, 쿠빌라이는 왕전이 고려로 무사히 돌아가서 왕이 될 수 있도록 호위 병사를 붙여 주었지. 그 결과 왕전은 별 탈 없이 고려의 왕이 될 수 있었는데, 이후 고려는 자연스럽게 몽골의 지배를 받게 되었단다.

    쿠빌라이 역시 1260년에 몽골의 황제가 되는데, 그가 바로 **원나라**를 세운 몽골의 제5대 황제 **쿠빌라이 칸**이야. 쿠빌라이는 고려의 원종이 태자 시절 자신을 찾아온 것을 두고두고 고맙게 생각했던 모양이야. 그래서 원나라에 정복당한 대부분의 나라 사람에게 강제로 변발(남자의 머리를 뒷부분만 남기고 나머지 부분을 깎아 뒤로 길게 땋아 늘인 것)을 하게 하고 원나라의 복장을 따르게 했지만, 고려에게는 그러지 않았어. 이로 인해 고려는 고려만의 특징과 문화를 지켜 낼 수 있었지.

이와 같은 원종과 쿠빌라이의 인연은 훗날 원종의 아들 충렬왕과 원나라 공주와의 결혼으로까지 이어진단다.

하지만 원나라가 고려에 마냥 잘해 주었던 것만은 아니야. 원나라는 고려에게 엄청난 공물을 요구했고, 이 때문에 고려 조정은 매년 원나라에 보낼 공물을 준비하느라 허리가 휠 지경이었지. 공물도 공물이지만, 원나라에 고려의 여자를 바치는 일은 너무나 고통스러웠어. 나중에는 원나라로 끌려가지 않기 위해 어린 여자아이를 시집보내는 **조혼 풍습**도 유행하게 되지.

한편, 원나라가 간섭하던 시기에 고려에 나타난 또 다른 변화로 **권문세족의 등장**을 들 수 있어. 권문세족이란 고려 후기의 지배 세력을 말하는데, 고려 전기부터 이어져 온 귀족 중 일부와 무신 정권에 붙어서 세력을 키운 문신 집단, 또 나중에 설명할 기씨 집안처럼 원나라와의 관계 속에서 새롭게 떠오른 세력을 통틀어 이르는 말이야.

이처럼 원나라는 고려 후기 사회에 엄청난 영향을 미쳤는데, 이 시기를 '**원 간섭기**'라고 한단다.

고려는 나라의 모든 일을 결정할 때 원나라의 허락을 받아야만 한다!

9

기황후와 기씨 가문

원나라가 고려에 요구한 건 공물만이 아니었어. 그들은 고려의 여자들도 바치길 원했는데, 이를 '**공녀**'라고 해. 그런데 원나라에 공녀로 끌려간 여자들 중에는 황제의 후궁으로 들어가서 황후가 되는 경우도 있었어. 그중 우리에게 가장 잘 알려진 인물이 바로 **기황후**야.

기황후는 무신 정권 시기에 출세한 가문의 사람인 기자오의 막내딸이었어. 공녀로 원나라에 끌려가 궁궐에서 일하던 그녀는 원나라 황제인 순제의 차 시중을 들면서 그의 사랑을 받아 후궁이 되었지. 후궁이 된 후에도 여러 어려움에 부딪혔지만, 순제의 아들을 낳은 그녀는 1340년에 비로소 **제2 황후**가 된단다. 이때부터 기황후는 원나라 황실에서 자신의 세력을 키우기 시작해.

그러던 1343년, 기황후의 오빠인 **기철**이 고려의 충혜왕이 나라를 제대로 돌보지 않는다며 원나라에 충혜왕을 고발하는 상소를 올렸어. 그 결과, 원나라에서는 사람을 보내 충혜왕을 잡아가 버렸지. 기씨 일가가 고려 왕과의 싸움에서 이긴 거야. 왕을 이긴 기씨 가문 사람들이 이후 고려에서 얼마나 제멋대로 굴었을지 짐작이 되지?

그런데 기씨 가문 사람들이 고려에서 세력을 한층 더 키우게 되는 일이 일어났어. 바로 1351년에 **공민왕**이 기황후의 도움으로 고려의 왕이 된 거야. 게다가 1353년에 기황후의 아들이 황태자로 책봉되면서, 더욱 기세가 높아진 기씨 가문 사람들의 행동은 도를 넘기 시작했어.

이를 가만히 두고 볼 수만은 없었던 고려의 공민왕은 왕권을 바로 세우고 나라를 안정시키려면 반드시 기씨 가문을 제거해야 한다고 생각했어. 1356년, 공민왕은 마침내 기씨 가문 사람들을 처형하고 원나라와의

관계도 끊어 버렸단다.

  1364년, 기황후는 고려로 군대를 보내 공민왕을 내쫓고 제26대 왕인 충선왕의 셋째 아들 덕흥군을 왕위에 올리려 했어. 하지만 고려군이 원나라군에 강하게 맞서는 바람에 실패하고 말지. 이 사건 이후 고려 안에서 자신의 권력이 통하지 않을 거라 생각한 기황후는 원나라 황실 내부의 권력 싸움에 집중했고, 마침내 제1 황후가 된단다. 그러나 이후 원나라가 명나라에 밀려 북쪽 지방으로 물러나면서, 이후 기황후가 어떻게 살았는지는 알 수 없게 되었지.

고려양과 몽골풍

　원나라가 오랜 세월 동안 고려를 지배하면서 두 나라 사이에는 사람이 오가고 물건을 주고받는 일이 많았어. 예를 들면 고려 왕이 원나라의 공주와 결혼하거나 고려 지역을 다스리던 원나라 관리인 다루가치와 병사들이 고려에 오랫동안 머무르면서, 고려 궁중의 풍습이 점차 몽골화하거나 고려인들이 자연스럽게 몽골의 풍습을 받아들이는 경우도 있었지. 이를 '**몽골풍**'이라고 해.

　대표적인 몽골풍으로는 **변발**과 **족두리**를 들 수 있어. 변발이란, 남자의 머리카락을 뒷부분만 남기고 나머지 부분을 깎아 뒤로 길게 땋아 내린 머리 모양을 말해. 이는 원나라에서 강요한 면도 있지만, 세월이 지나면서 고려 사람들도 자연스럽게 받아들였단다.

　족두리는 결혼하는 여자들의 머리 장식으로 사용되었지만, 본래 몽골에서는 외출할 때 쓰던 모자였어. 당시 고려에서 입었던 의식용 옷 또한 몽골풍의 영향을 받았는데, 족두리도 그중 하나라고 할 수 있단다. 이 외에도 궁중에서 사용하던 '마마', '수라', '무수리' 등과 같은 말도 모두 몽골에서 전해진 것들이야. 당시 고려 궁중에는 원나라 공주와 공주를 따라온 시녀들이 생활하고 있었기 때문에 궁중에서 사용하는 말도 그들이 사용하는 말로 바뀐 것이지.

   그렇다면 고려는 이렇게 일방적으로 원나라의 영향을 받기만 했을까? 그건 아니야. 많은 고려인이 공녀로, 또는 벼슬아치로 원나라에 갔기 때문에 고려의 풍습이 몽골에서 유행하기도 했어. 이를 '**고려양**'이라고 해. 원나라에서 유행한 고려의 풍습으로는 겉옷에 겹쳐 입는 소매가 짧은 옷인 방령과 고려 만두, 시루떡, 상추쌈을 들 수 있어. 그리고 원나라의 역사를 기록한 책에는 "궁중에서 일하는 여자들의 거의 절반이 고려인이라 의복과 신발, 모자, 그 밖의 물건들을 고려의 것을 따라 했다"라고 쓰여 있단다.

11

공민왕과 신돈의 개혁

기황후의 세력을 등에 업은 기씨 가문이 고려에서 한창 세력을 떨칠 무렵, 원나라에 10년간이나 인질로 잡혀 있던 **공민왕**이 **고려 제31대 왕**이 되어 고려로 돌아왔어. 공민왕은 비록 기황후의 도움을 받아 왕이 될 수 있었지만, 고려의 왕으로서 자신이 무슨 일을 해야 하는지를 명확히 알고 있었어. 그건 바로 고려를 원나라의 간섭에서 벗어나게 하는 것이었지.

공민왕은 왕이 되자마자 우선 몽골풍을 없애고 고려의 풍습을 되돌려 놓았어. 하지만 그것만으로는 부족했지. 자신의 힘이 더 커질 때까지 기다리며 기회를 엿보던 공민왕은 1356년에 원나라를 따르던 **기씨 가문 사람들과 그와 관련된 세력을 모두 제거**하기에 이르렀어. 또한 원나라가 고려를 간섭하기 위해 설치했던 관아인 '**정동행성**'을 없앴으며, 유인우 장군에게 군사를 주어 원나라가 빼앗은 고려 땅에 설치한 **쌍성총관부를 공격**해 이를 폐지하고 고려의 땅을 되찾았단다.

이렇게 고려를 새롭게 만들기 위해 착실하게 작업을 실행해 나가던 공민왕에게 어느 날 큰 불행이 닥쳤어. 원나라 위왕의 딸이자 그가 너무나도 사랑하던 아내인 **노국 공주**가 아기를 낳다가 숨을 거둔 거야.

　노국 공주를 잃은 공민왕은 절망에 빠진 나머지 모든 일에 의욕을 잃었어. 그래도 고려를 위한 일을 계속해야 했기에, 그는 스님 출신인 **신돈**에게 모든 일을 맡겼지. 신돈은 처음에는 권력을 가진 사람들이 억지로 빼앗은 백성들의 재산을 돌려주게 하는 관청을 새로 만드는 등 맡은 일을 잘 수행해 나갔어. 백성들도 신돈을 입이 마르게 칭찬하고 따랐지. 하지만 세월이 흐르면서 신돈은 점차 잘못된 길로 빠지기 시작했고, 공민왕의 의심을 산 끝에 결국 처형되고 말았단다.

▲ 공민왕과 노국 공주의 초상화

이인임과 세도 정치

공민왕과 우왕 때 활동한 문신 **이인임**은 고려 후기의 지배 세력인 **권문세족**의 특징을 그대로 지니고 있는 인물이야. 이인임의 삶과 그가 어떻게 세력을 잃게 되었는가를 살펴보면, 고려 후기를 지배했던 세력들의 움직임도 함께 파악할 수 있단다.

이인임은 충렬왕과 충혜왕 시대에 유명한 정치가였던 이조년의 손자야. 그는 지위가 높은 관리의 자녀를 뽑아 쓰는 제도인 **음서**를 통해 관직에 올랐고, 공민왕 때는 정3품의 중요 직책인 **왕명(왕의 명령)을 전달하는 일**을 맡았지. 그런데 이인임이 권력을 움켜쥐고 고려를 쥐락펴락하게 된 계기가 있었으니, 그것은 **우왕**이 고려의 제32대 왕이 된 것이었어. 공민왕이 자신의 뒤를 이을 왕자를 얻지 못한 채 죽자, 이인임은 공민왕이 살아 있을 때 자신의 아들이라며 궁으로 데려온 모니노를 왕으로 만들었지. 그가 바로 우왕이야. 하지만 당시 우왕의 나이는 10세였으므로, 그를 왕위에 오르게 한 이인임이 고려의 모든 권력을 갖게 되었단다.

이렇게 권력을 자신의 손에 쥔 이인임은 명나라와 친하게 지내느냐, 원나라와 친하게 지내느냐의 문제를 두고 **정도전, 정몽주**와 같은 **신진 사대부**들에 맞서기 시작했어. 결국 이인임은 신진 사대부들을 조정에서 쫓아내 버렸지. 그 후 이인임은 물론이고, 그의 주위에 모여든 사람들도 권력을 이용하여 자신의 욕심을 채워 갔어. 돈이나 재물을 받고 벼슬자리를 주는 건 기본이고, 죄지은 사람에게서 뇌물을 받고 그들의 죄를 눈감아 주기도 했지. 이렇게 이인임은 무려 13년 동안이나 고려를 자신의 마음대로 휘둘렀지만, 그 끝은 조용히 다가오고 있었어.

평소 이인임의 행동을 못마땅하게 여기던 우왕은 **1388년**에 **최영과 이성계** 같은 **신흥 무인 세력**과 손을 잡고 이인임과 그 무리를 공격했어. 그

결과 수많은 사람들이 유배되거나 처형당했지. 이인임 역시 유배를 갔는데, 유배된 지 얼마 안 되어 세상을 떠났단다.

　이처럼 고려 말기의 지배 세력이었던 권문세족은 가문의 힘을 바탕으로 관직에 올라 권력을 손에 쥐고 자신의 욕심을 채웠어. 또 이들이 고려 후기에 새로 등장한 신진 사대부나 신흥 무인 세력과 대립했다는 사실도 알 수 있지. 그렇다면 권문세족과 신진 사대부, 신흥 무인 세력이 어떻게 고려 후기 역사를 이끌어 나가는지 계속해서 살펴보자.

신흥 무인 세력과 신진 사대부

고려 말기에는 여러 가지 골치 아픈 일들이 일어났어. 그중에서도 특히 **왜구(일본 해적)와 홍건적의 침략**을 들 수 있지. 원 간섭기를 거치면서 고려의 군사력은 많이 약해졌는데, 이는 고려의 힘이 강해지는 걸 원치 않았던 원나라가 일부러 군사력을 약화시켰기 때문이야. 하지만 이때는 원나라도 군사력이 많이 약해진 상태였으므로, 고려가 다른 나라로부터 침략을 당할 때 별 도움이 되지 못했단다.

왜구는 1350년부터 본격적으로 고려를 침략하기 시작했어. 특히 우왕 때에는 14년 동안 378번나 침입한 것으로 기록되어 있지. 또한 공민왕이 왕위에 오른 이듬해인 1352년에는 왜구들이 개경 근처로 쳐들어온 데다 홍건적까지 나타나면서, 고려 조정은 수도를 바다에서 멀리 떨어진 육지 안쪽으로 옮기는 문제를 상의하기도 했단다.

홍건적도 왜구 못지않게 고려를 괴롭혔어. 홍건적이란 **원나라의 지배 아래에 있던 한족의 반란 세력**으로, 머리에 붉은 수건을 둘러서 '홍건적'

이라는 이름이 붙었단다. 이들은 고려를 두 번이나 침략했는데 한 번은 원나라 군사를 피하기 위해, 또 한 번은 고려를 자신들의 피난처로 삼으려는 생각 때문이었지.

이렇게 외적들에게 계속 침략당하고 있을 수만은 없었던 고려는 군사력을 새롭게 강화하기 시작했어. 그 과정에서 새로운 무인 세력이 성장해 갔지. 특히 왜구에 맞서 각각 홍산 대첩과 황산 대첩을 승리로 이끈 영웅 **최영**과 **이성계**는 대표적인 무장으로서 백성들의 많은 지지를 받았어. 이들을 '**신흥 무인 세력**'이라고 해.

한편 무신 정권에 의해 문벌 귀족들의 힘이 약해져 보잘것없어지면서 새로운 세력이 떠오르기 시작했어. 이들을 '신진 사대부'라고 해. 신진 사대부는 대부분 향리 출신으로, 가문의 힘을 빌리지 않고 오로지 개인의 능력으로 과거를 통해 조정에 나아간 사람들이었지. 이들은 당시의 지배 세력이자 온갖 불법적인 방법으로 나쁜 짓을 저지르던 권문세족을 강하게 비판했어. 그리고 유교 사상을 바탕으로 고려 사회를 변화시키기 위해 노력했단다.

이처럼 고려 후기 사회에는 크게 권문세족, 신진 사대부 그리고 신흥 무인 세력 등 세 개의 세력이 존재했어. 그리고 역사의 수레바퀴는 신흥 무인 세력 중 최영으로 대표되는 집단이 권문세족과 힘을 합치고, 이성계로 대표되는 집단은 신진 사대부와 힘을 합치는 방향으로 굴러간단다. 훗날 이 두 세력의 충돌은 피할 수 없는 현실이 되지.

위화도에서 군대를 돌린 이성계

원나라를 몰아내고 수도 대도(지금의 베이징)까지 차지한 명나라는 **1387년** 고려에 철령 이북은 옛 원나라의 땅이었으므로, 이 지역에 철령위를 설치해 명나라의 땅으로 만들겠다고 일방적으로 알렸어. 이를 '**철령위 설치 사건**'이라고 해. 고려의 신하들은 이를 평화로운 방법으로 해결하자고 주장했지만, **우왕**과 **최영**의 생각은 달랐지.

우왕과 최영은 신하들의 반대에도 불구하고 결국 **요동**을 치기로 결정한 뒤, 자신들과 뜻을 달리하는 **이성계**와 **조민수**에게 이 일을 맡겼어. 이때부터는 명나라와 고려의 싸움이 아닌 고려 내부, 즉 **권문세족과 손잡은 무인 세력(최영)**과 **신진 사대부와 손잡은 무인 세력(이성계)** 간의 싸움이 되었지. 어쩔 수 없이 왕의 명령에 따를 수밖에 없었던 이성계는 조민수와 함께 군사들을 이끌고 요동을 향해 계속 북으로 나아갔어. 그리고 압록강을 건너 어느덧 **위화도**에 도착했지. 그런데 큰비가 내리면서 압록강이 넘쳐 군사들이 곤경에 빠지는 등 여러 가지 문제에 부딪히자, 원래 요동 공격을 반대했던 이성계는 우왕에게 군사를 돌려 다시 개경으로 돌아가는 것을 허락해 달라고 거듭 요청했어. 하지만 우왕은 이성계의 요청을 받아들이지 않았단다.

결국 이성계는 작은 나라가 큰 나라를 칠 수 없고, 여름철에 전쟁을 벌이는 건 옳지 않으며, 요동 공격 중 고려에 왜구가 쳐들어올지도 모르고, 장마철에는 활이 약해지고 전염병이 돌 수 있다는 네 가지 주장, 즉 **4불가론**을 내세우면서 군대를 돌렸어. 이 사건을 '**위화도 회군**'이라고 해. 군대를 돌린 이성계는 곧장 개경으로 군사를 몰아 최영과 우왕을 밀어내고 고려의 권력을 차지하지. 그리고 **창왕**을 새 왕으로 올린단다.

신진 사대부가 나뉘었다고?

위화도 회군 이후 신진 사대부와 이성계는 권문세족과 최영을 고려 조정에서 몰아내고 권력을 차지했어. 그들은 우선 **토지 제도**를 바꾸었는데, 전국의 토지를 모두 조사한 후에 나라에서 가지고 있던 토지 대장을 모두 불살라 버렸지. 그런 다음 1391년에 새로운 토지 제도인 **과전법**을 만들었어.

그런데 신진 사대부가 이렇게 토지 제도를 급히 바꾸려 했던 이유는 무엇일까? 당시 고려의 토지 제도에는 부족한 점이 있었어. 특히 권문세족들이 엄청나게 많은 땅을 차지하면서 새로 관리가 된 사람들에게 나누어 줄 땅이 부족한 상태에까지 이르렀지. 그래서 신진 사대부는 권문세족이 대다수 차지하고 있던 토지 제도를 고칠 필요가 있다고 판단했단다. 이는 권문세족들의 힘을 약하게 만드는 방법인 동시에, 권력을 차지한 신진 사대부의 경제적 바탕을 다지기 위한 일이기도 했지.

하지만 토지 제도를 바꾸면서 신진 사대부는 두 파로 나뉘게 돼. 하나는 원래 있던 토지 제도의 잘못된 부분만 고쳐서 그대로 유지하자는 뜻을 가진 사람들로, **이색**과 **권근**, **정몽주**가 여기에 해당되지. 이를 '**온건 개혁파**'라고 해. 다른 하나는 원래의 토지 제도를 전부 뜯어고쳐서 완전히 새로운 제도를 만들 것을 주장한 사람들로, **이성계**와 **조준**, **정도전** 등이 있었어. 이를 '**급진 개혁파**'라고 한단다.

이 당시 토지 제도에 관한 문제는 단순히 경제적 문제에 관한 싸움이 아니었어. 고려의 전통을 인정하면서 고려 사회를 바꿔 나갈 것인가, 아니면 고려의 전통을 없애고 아예 새로운 사회를 만들어 낼 것인가에 대한 싸움이었지.

16

고려의 멸망과 조선의 건국

이성계의 위화도 회군 이후 신진 사대부가 고려의 정권을 차지하고 2년쯤 지났을 무렵인 1389년, 이성계가 **창왕**을 밀어내고 **공양왕**을 새로운 왕으로 세우는 것을 지켜본 **정몽주**는 이성계의 욕심이 왕을 바꾸는 데에서 그치지 않을 거라고 생각했어. 게다가 새로운 토지 제도인 과전법은 1391년 급진 개혁파의 뜻대로 시행되었지.

결국 정몽주는 이성계를 그냥 두면 안 되겠다고 생각했어. 그래서 자신과 같이 고려를 지키는 데 뜻을 함께하는 사람들을 모아 이성계파를 공격하게 했지. 그 결과 **정도전**, **조박**, **남은**, **윤소종** 등은 귀양을 가야 했어.

정몽주는 여기서 그치지 않고 이성계를 아예 제거할 계획까지 꾸몄어. 하지만 이성계의 아들 **이방원**은 정몽주의 계획을 미리 눈치채고 있었지. 이와 관련하여 이성계가 말에서 떨어져 다쳤을 때 그를 문병하러 온 정몽주를 이방원이 따로 만나 〈**하여가**〉를 읊으며 마음을 떠보았는데, 정몽주가 〈**단심가**〉로 답했다고 전해지는 이야기는 아주 유명하단다. 그런데

▲ 정몽주가 죽임을 당한 곳이라고 알려진 선죽교

정몽주가 이성계를 문병한 것은 사실이지만, 이방원과 실제로 만났다는 직접적인 증거는 없어. 다만 확실한 것은, 그날 문병을 마치고 집으로 돌아가던 정몽주가 이방원이 보낸 사람들에게 죽임을 당했다는 거야. 이렇게 고려는 마지막 충신을 잃고 말았지.

그로부터 3개월 뒤, 공양왕은 이성계파의 압력을 견디지 못하고 스스로 왕위를 이성계에게 넘겼어. 이로써 34대 475년을 이어 온 고려 왕조가 무너지고 조선 왕조 오백 년의 서막이 오르게 된단다.

사진 출처

1장 선사 시대
- **15쪽** 주먹 도끼 / 긁개 / 찍개, 국립중앙박물관
- **21쪽** 갈돌과 갈판 / 돌낫, 국립김해박물관
  돌창, 국립경주박물관
  돌화살촉, 국립공주박물관
- **23쪽** 빗살무늬 토기, 국립중앙박물관
- **24쪽** 고산리 토기, 국립제주박물관
- **33쪽** 반구대 암각화, 국가유산청

2장 청동기 시대와 고조선
- **37쪽** 돌괭이 / 돌낫 / 반달 돌칼 / 농사용 돌괭이 /
  민무늬 토기 / 붉은 간 토기 / 검은 간 토기,
  국립중앙박물관
- **41쪽** 농경문 청동기, 국립중앙박물관
- **43쪽** 비파형 동검 / 팔주령 / 거친무늬 거울 / 장대투겁 /
  청동 종방울, 국립중앙박물관
- **44쪽** 탁자식 고인돌 / 바둑판식 고인돌 / 개석식 고인돌,
  한국민족문화대백과사전
- **47쪽** 단군 성전 단군상, 유엔제이

3장 철기 시대와 여러 나라들
- **59쪽** 다호리 붓, 국가유산청
  명도전, 국립중앙박물관

4장 삼국 시대
- **78쪽** 가야 토제 방울, 국가유산청
- **85쪽** 칠지도, 국립중앙박물관
- **93쪽** 광개토 대왕릉비, 국립중앙박물관
- **107쪽** 북한산 진흥왕 순수비, 국립중앙박물관
- **121쪽** 첨성대, 국가유산청
- **136쪽** 금동 연가 7년명 여래 입상, 국립중앙박물관
- **138쪽** 금동대향로, 국립부여박물관
- **139쪽** 미륵사지 석탑, 국가유산청
- **140쪽** 무령왕릉 내부, 국가유산청
- **141쪽** 천마총 금제 관식 / 천마총 금제 허리띠, 국립경주박물관
- **142쪽** 황남대총 북분 금관, 국립경주박물관
  금관총 금관 / 금령총 금관 / 서봉총 금관, 국립중앙박물관
- **143쪽** 부부총 금귀걸이 / 노서동 고분 금목걸이 /
  금관총 금제 허리띠 / 노서동 금팔찌, 국립중앙박물관
  천마총 금제 관모 / 황남대총 북분 금제 굽다리 접시,
  국립경주박물관
- **144쪽** 덩이쇠, 국립김해박물관
  철 갑옷, 국립중앙박물관
- **145쪽** 집 모양 토기 / 사슴 모양 토기 / 배 모양 토기,
  함안박물관
  수레바퀴 모양 토기, 국립중앙박물관

5장 남북국 시대
- **174쪽** 최치원 초상화, 국립중앙박물관
- **193쪽** 석가탑 / 다보탑, 국가유산청
- **194쪽** 불국사, 셔터스톡
- **195쪽** 석굴암 내부, 국가유산청
- **197쪽** 발해 수막새, 국립중앙박물관
  발해 석등, 한국학중앙연구원 김진광

6장 고려 시대 전기
- **202쪽** 태조 왕건 청동상, 국립중앙박물관, 2006,
  『북녘의 문화유산』
- **207쪽** 연등, 셔터스톡
- **219쪽** 강감찬 장군 사적비, 국가유산청
- **223쪽** 청자 상감 매죽학문 매병 / 청자 상감 모란당초문
  표형 주자, 국립중앙박물관
- **224쪽** 청자 투각 칠보무늬 향로 / 청자 투각 용머리장식
  붓꽂이 / 청자 상감 모란 구름 학무늬 베개 /
  청자 상감 모란무늬 항아리, 국립중앙박물관
- **225쪽** 청자 상감 운학모란국화문 매병, 셔터스톡
- **230쪽** 〈척경입비도〉, 고려대학교박물관

7장 고려 시대 후기
- **241쪽** 명학소 민중 봉기 기념탑, 나성영
- **246쪽** 장경판전 내부, 한국민족문화대백과사전
- **249쪽** 《직지심체요절》, 청주고인쇄박물관
- **263쪽** 공민왕과 노국 공주의 초상화, 국립고궁박물관
- **275쪽** 선죽교, 국립중앙박물관